VAN Allerheiligen TOT Kerstmis

Bidden in tijden van afstand en verwachting

Herman Finkers • Anselm Grün
Antoine Bodar • Kris Gelaude
Anima Christi • Katharina Michiels
Jan Hendriks • Benoît Standaert
Manon Vanderkaa • Angela Holleboom
Manu van Hecke • Frans Cromphout
Hannah van Quakebeke • Paul Verbeek

Adveniat

Van Allerheiligen tot Kerstmis

Grafische verzorging: Peter Beemsterboer/Beemsfoto, Eemnes
Eindredactie: Leo Fijen, Maartensdijk

Uitgeverij Adveniat
Postbus 44
3740 AA Baarn Nederland
T. +31 (0)88 23 83 600
E. info@adveniat.nl
www.adveniat.nl

ISBN 978-94-93161-39-9
NUR 709

Inhoud

Leo Fijen | Voorwoord

Van Allerheiligen tot Kerstmis, bidden in tijden van afstand en verwachting

ALS ALLES DUISTER IS, ONTSTEEK DAN een lichtend vuur dat nooit meer dooft. Deze woorden hoorde ik zingen op 19 september in de Sint Jan te Den Bosch. Alle overleden religieuzen in tijden van corona werden daar herdacht. Bijna 200 namen werden er genoemd door zuster Agnes Vos van de Zusters van Liefde in Schijndel en door Paul Damen van de Fraters van Tilburg. En telkens als er weer een naam werd genoemd, werd het licht ontstoken. Uiteindelijk stonden er bijna 200 waxinelichtjes, ontstoken aan de Paaskaars. Daarmee werden de doden in het Licht van de Eeuwige verbonden met de levenden. Ik zat in een zijbeuk van de kathedraal en was ontroerd. Door de namen, door al die lichtjes, door de woorden, door het ritueel.

Rituelen helpen om het uit te houden als het donker is. En is het is best duister nu het virus van corona weer aan een opmars bezig is en ons allemaal wordt gezegd: blijf thuis, kom met zo weinig mogelijk mensen samen, houd afstand, wees voorzichtig. Deze tijden zijn een aanslag op het meest wezenlijke: dat je geboren bent om een relatie aan te gaan, dat je ontdekt dat het in je leven om de ander gaat, dat je steeds meer leert dat je in die ander tot bloei kunt komen en dat je tenslotte door die ander de vrijheid en geborgenheid ervaart van de Ander. Je hebt elkaar nodig om te kunnen groeien als mens en in je relatie tot God.

Deze tijden vragen bijna het tegenovergestelde, de afstand tot elkaar. Hoe kun je dan toch groeien als mens en in je geloof? Waar vind je de woorden om in verwachting te kunnen leven en te durven wachten op het Licht van Christus? En wat kun je doen om die verbondenheid met elkaar te ervaren, op weg naar Kerstmis? Rituelen geven woorden waar geen woorden zijn. Als je niet weet wat je moet doen, leren rituelen wat je kunt doen op weg naar het Licht.

Deze bundel staat vol met handvatten voor die rituelen. En deze uitgave geeft ook woorden voor de weg naar dat lichtend vuur. Daarvoor dank ik allen die hun favoriete gebeden stuurden, vaak met een kleine duiding daarbij. En iedereen reageerde enthousiast: van Herman Finkers tot Anima Christi, van Angela Holleboom tot Kris Gelaude, van Manu van Hecke tot Benoît Standaert, van Manon Vanderkaa tot Thomas Quartier. Ik dank ook Anselm Grün die speciaal voor dit boekje een inleiding over bidden in donkere tijden schreef. Daarnaast gaat mijn dank uit naar Antoine Bodar en bisschop Jan Hendriks voor hun bezinnende teksten. Tenslotte dank ik vooral Paul Verbeek die me aanspoorde om dit boekje uit te geven en me ook zeer behulpzaam was met mooie teksten voor de Advent. Van Allerheiligen tot Kerstmis is een weg langs meditaties bij de hoogtijdagen met daartussen steeds weer inspirerende gebeden. En als je bidt spreek je de woorden van je ouders en grootouders en kom je thuis. Bij je jezelf, bij je dierbaren en bij God. Dat wens en bid ik ieder toe, juist in deze tijden. Zalig Kerstmis en veel zegen in het nieuwe jaar.

LEO FIJEN
6 oktober 2020, de feestdag van de heilige Bruno

Anselm Grün | Inleiding

Bidden brengt licht

BIDDEN BETEKENT NIET ALLEEN MET God spreken. Bidden is een ontmoeting met God. In de ontmoeting met God ontmoet ik altijd ook mijzelf en mijn eigen waarheid. In het gebed leg ik alles wat in mij door de stilte naar boven komt, bij God neer: alle gedachten en gevoelens, alle behoeftes en passies. Ik stel me voor dat Gods licht in alles binnenvalt en het doordringt. Paulus schrijft in de brief aan de Efeziërs: „Alles echter wat aan het licht wordt gebracht, komt in het licht tot helderheid. En alles wat verhelderd wordt, is zelf ‚licht' geworden." (Ef 5,13-14) Dat is voor mij een mooi beeld: Alles wat ik in gebed bij God neerleg, wordt door Gods licht doordrongen en zelf tot licht. Dan zal van mij een heldere uitstraling uitgaan. Wanneer alles in mij door Gods licht helder gemaakt wordt, dan zal mijn lichaam "zo verlicht zijn als wanneer de lamp u met haar helle stralen verlicht", schrift Lucas in zijn evangelie. (Lc 11,36)

Ik bid graag met een brandende kaars erbij. Dan stel ik me voor dat het milde licht van de kaars al het donker in mij verlicht. In ieder van ons zijn er donkere ruimtes. C.G. Jung noemt dit de schaduw die ieder mens in zich draagt. In die schaduw hebben wij alle gedachten, gevoelens en passies verdrongen die we voor onszelf willen verbergen. De schaduw is in de ruimte van onze ziel binnengedrongen die we voor onszelf en de mensen om ons heen afsluiten. In deze afgesloten ruimtes valt het milde licht van de kaars binnen. Dat milde licht veroordeelt niet. Het doordrenkt alles wat wij in onszelf afwijzen, met Gods barmhartige liefde. Als we een tijdje met de brandende kaars bidden voelen we onszelf ineens anders. We worden zelf meer licht.

Velen steken een kaars voor een mens aan voor wie ze bidden. Ze brengen daarmee hun hoop tot uitdrukking dat het gebed al het donker in die mens zal verlichten. Binnen de christelijke traditie is men ervan overtuigd, dat ons gebed voor anderen naar de hemel gaat zolang we maar bidden. En men gelooft dat het gebed het donker in die ander meer en meer verdrijft en hem of haar met het milde licht van de kaars, met de barmhartige liefde van God, vervult.

In het vroege monnikendom wordt gezegd dat monniken, wanneer ze bidden, tot een vuurzuil kunnen worden. Ze hebben dit voor anderen verborgen. Maar soms keken de monniken die hun oude vader abt bezochten door het raam zijn cel binnen. Ze zagen hoe hij tijdens het bidden de handen naar de hemel hief en hoe de vingers tot lichtende vlammen werden. Soms was ook de hele monnik een vuurzuil.

Het gebed wil dus onszelf verlichten. De voorwaarde voor dit lichtende bidden was dat de monniken in de stilte hun eigen waarheid, ook al hun schaduwen, bij God neerlegden. Dan heeft God alles wat in hen innerlijk troebel was, gezuiverd. De monniken waren ervan overtuigd: Alleen met een zuiver hart kunnen we God schouwen, zoals Jezus het ons toegezegd heeft: „Zalig de zuiveren van hart, want zij zullen God zien.“ (Mt 5,8)

De periode tussen het feest van Sint Martinus op 11 november en het kerstfeest is de meest donkere tijd van het jaar. Stilte en bidden zijn dan een geschikte weg om het duister te verlichten. De vroege kerk bad in haar hymnes vaak: wanneer de uiterlijke zon zwakker wordt, gaat Christus als innerlijke zon des te mooier in ons stralen. Daarom is het goed de eigen duisternis in deze donkere periode waar te nemen en bij God neer te leggen. Dan zullen we met kerstmis kunnen ervaren dat het Licht van Jezus Christus in ons hart straalt. In het kind in de kribbe verschijnt het ware licht dat allen verlicht die in Christus geloven. Maar het straalt ook voor degenen die niet geloven. Want de belofte van de profeet Jesaja die in de kerstnacht voorgelezen wordt, geldt voor alle mensen, Joden en heidenen, gelovigen en niet-gelovigen, vromen en niet-vromen: „Het volk dat ronddwaalt in het donker, ziet dan een helder licht, over hen die wonen in een land vol duisternis gaat dan een stralend licht op.“ (Jes 9,1).

ANSELM GRÜN
Benedictijner monnik te Münsterschwarzach

Zegengebed in coronatijd

Zegen ons met de dauw van uw liefde
Zegen ons met uw warmhartige nevel
Dat wij elkaar niet besmetten met vrees
Dat wij onze harten niet op afstand houden
Zegen ons met zorg en aandacht om elkaar
Dat wij niet onverschillig en slordig leven
Kroon ons met de Naam van Uw Hoop
de Naam van de Vader, de Zoon en de Heilige Geest.

MARINUS VAN DEN BERG

De dagen de deur niet uit

De dagen de deur niet uit
De dagen van veel alleen
De nachten van alleen

De ochtenden willen nog wel
De middagen die vervelen
De avonden steeds langer

Niets nieuws te vertellen
Het coronanieuws teveel
Niet weten hoelang nog

De dagen van gaan in jezelf
De dagen naar binnen
De dagen van voorbij

De dagen voor je innerlijke deur
De dagen van gegroet worden
De dagen van thuis bij jezelf

De dagen van God niet voorbij
De nachten licht genoeg
Licht aan alle tijd voorbij.

MARINUS VAN DEN BERG

Karl Rahner SJ | Allerheiligen

Feest van alle heiligen en alle zielen

ALLERHEILIGEN EN ALLERZIELEN ZIJN DE feesten van alle heiligen en alle zielen die binnen gegaan zijn in de eeuwige liefde Gods. Van allen, dus niet zozeer van hen die de Kerk reeds afzonderlijk met naam viert in haar liturgisch jaar, maar van die stillen en naamlozen die heengaan alsof zij nooit hadden bestaan, van wie geen legende vertelt en geen heldenboek van wereld- en kerkgeschiedenis verhaalt, maar van hen die slechts door Een, God, worden gekend, die hen heeft ingeschreven in het boek des levens dat het hart van zijn eeuwige liefde is. Maar wij moeten hen die in de wereld naamloos waren toch vieren! Hoe kunnen wij dat anders en opgewekt volbrengen dan door vandaag hen liefdevol te gedenken, die, ook al zijn zij in de wereld reeds vergeten en staan hun namen misschien niet eens meer op een grafsteen, tenminste in ons eigen hart nog leven en niet slechts bij God? Laten we dan ons hart voorbereiden op het feest van de doden die bij God leven en die ons hart nog niet heeft vergeten. Laten wij de doden gedenken! Wees stil mijn hart en laat uit het graf van uw leven allen opstaan die gij bemind hebt!

(Uit: Meditaties over feesten en alledaagse dingen, Hilversum, 1960)

Jan Hendriks | Allerzielen

De mensen die wij missen

VOGELS VERTREKKEN IN GROTE ZWERMEN naar het zuiden, naar betere, warmere oorden. Om ons heen dwarrelen de bladeren naar beneden. Sommige waren langzaam aan verkleurd. En toen ze eenmaal bruin en geel en rood geworden waren, wisten we dat hun tijd gekomen was. Andere bladeren waren nog groen. Ze leken zo vol leven. Maar een stormachtige herfstwind heeft ze afgerukt. De natuur sterft af, maar we weten, ook al zou je het nu niet zeggen, dat na de trieste herfstdagen en na de winter met zijn kou, de warmte van de zon de knoppen en het groen zal wekken en dat er nieuw leven vol belofte uit de dode takken zal ontstaan. Soms wekt dat in ons hart verwondering en brengt die ordelijke wisseling van de seizoenen bezinning op het leven van de mens in het algemeen, op eigen leven in het bijzonder.

De natuur met zijn ritme van sterven en leven en die herfst doen ons denken aan het leven van ons mensen dat voorbijgaat, want de mens is als gras of een veldbloem, zegt de psalm: de wind gaat erover en hij is er niet meer (Ps 103). Maar het sterven draagt al de belofte in zich van een nieuwe en eeuwige lente.

We missen op deze dag dierbare mensen die gestorven zijn, velen waren op hoge leeftijd. Maar we voelden de pijn van het verlies, al konden we misschien verstandelijk begrijpen dat hun leven voltooid was. Anderen werden vroeg geplukt als een bloem in volle bloei, als een blad dat nog zo fris en groen was toen het leven nog zoveel beloftes leek in te houden. Hun sterven was een onbegrijpelijk verdriet. Soms zeggen ze dat God het eerst de mooiste bloemen plukt. We gedenken hen, al deze overledenen doordat hun namen openlijk worden genoemd of doordat onze gedachten en gebeden op deze bijzondere dag naar hen uitgaan.

Dit is een dag om God te bedanken voor dierbare mensen die Hij op onze weg heeft gebracht en die veel voor ons betekend hebben. Wie zouden we zijn geweest als deze waardevolle mensen niet op onze weg gekomen waren? Dit is ook een dag om voor al die dierbare overledenen te bidden: dat moeder Maria hen bij de hand neemt, dat God de Vader hen thuis brengt, dat Hij hun het eeuwige geluk mag schenken. Heer, geef hun de eeuwige rust!

Ieder mens is uniek en een wonder. Zo bewonderen we een pasgeboren kind, zo klein, zo nieuw, nog zo veel voor zich. Zo bewonderen we ook een mens bij zijn of haar afscheid, aan het einde van het leven om het mooie spoor dat die mens heeft achtergelaten. Het leven is kort, hoe dan ook. De jaren gaan snel voorbij. We krijgen steeds meer geliefde en bekende mensen aan de andere kant, achter de grens van de dood. Dit is een dag om ook daar bij stil te staan: Wat wil ik met de rest van mijn leven? Hoe zou ik zelf herdacht willen worden? Welk spoor laat ik zelf na? Dan kunnen we ooit als onze tijd gekomen is goed omzien en in vrede gaan.

Heer, geef hun de eeuwige rust; het eeuwig Licht verlichte hen; mogen zij rusten in vrede.

+JAN HENDRIKS
Bisschop van Haarlem-Amsterdam
(Uit Prekenboek Getuigen van het Licht)

Op mijn laatste reis

Heer, zegen hen die begrip hebben
voor mijn wankele tred en mijn bevende hand
Zegen hen die weten dat ik tegenwoordig
moeite heb om hen te verstaan
Zegen hen die lijken te aanvaarden
dat ik minder goed zie en trager van begrip ben
Zegen hen die er geen aandacht aan schenken
als ik 's morgens mijn kopje koffie omstoot
Zegen hen die me nooit zeggen:
'Dit is nu al de tweede keer vandaag
dat je me dit vertelt'
Zegen hen die de kunst verstaan om
fijne herinneringen aan vroeger in me op te roepen
Zegen hen die me laten voelen dat ik geliefd ben,
gewaardeerd en niet in de steek gelaten
Zegen hen die in de gaten hebben
dat ik de kracht niet meer heb om mijn kruis te dragen
Zegen hen die door hun liefdevolle aanwezigheid
het leven veraangenamen van de dagen die me nog resten
op deze laatste reis naar het huis van de Vader

ESTHER MARY WALKER

uit: Gebeden voor elke dag, Jongbloed Heerenveen

Vermoeide pelgrim in het leven

Welkom in dit huis
hier is een stoel voor wie moe is
hier is hoop voor wie verdwaald is
hier is liefde voor wie vol wrok is
hier is geloof voor wie twijfelt
hier ben je thuis
hier ben je verwacht zoals je bent
Want zo dikwijls heeft God voor jou gezocht
zo dikwijls heeft Hij op je gewacht
uren, dagen, maanden, jaren misschien
Sta even stil
bewonder de schoonheid van deze kerk
adem in het verleden van dit huis je eigen nieuwe begin

sluit je ogen
word even stil, want in de stilte
hoor je de echo van Gods Woord
Ga even zitten
hol ook hier jezelf niet voorbij
vouw je handen
open je hart
bid
En als je dat niet kunt
als je niet geloven kunt omdat je pijn hebt
ga dan naar je eigen huis met de groet
vrede en alle goeds

Tekst in Mariakapel van H. Johannes de Doperkerk
in Wijk bij Duurstede

Laten we bidden

Goede God, kom ons te hulp, midden in de wereld,
geteisterd door de coronacrisis
opdat we Uw liefde mogen ervaren
Wees bij degenen die zijn gestorven
Mogen zij rusten in Uw Licht en Liefde
Wees bij hen die ziek zijn
Mogen ze hun kracht en gezondheid herwinnen
Wees bij de naasten van hen die ziek of gestorven zijn
Behoed hen voor paniek en wanhoop
Wees bij ons in onze angst
Laat die angst ons niet weghouden bij elkaar
Help ons nieuwe wegen tot elkaar te vinden
wees bij hen die de getroffenen helpen
Geef hun Uw bescherming
Wees bij de leiders van alle naties

Geef hun een vooruitziende blik
Help hen naar liefde en waarheid te handelen
voor het welzijn van alle mensen
Goede God, blijf bij ons
wanneer we verdragen en rouwen
volharden en voorbereiden.
In plaats van onze angst
geef ons geloof, hoop en Uw vrede.
Amen.

Mede door dit gebed wensen we u en uw dierbaren
veel moed en sterkte toe.
We hopen u snel weer te kunnen ontmoeten.

PASTORALE TEAM VAN DE PAROCHIES JOHANNES XXIII
EN H.SUITBERTUS, WIJK BIJ DUURSTEDE

Jan Hendriks | Sint Willibrord

Willibrord gaf alles

De heilige Willibrord was voorbereid op zijn zending als missionaris in ons land door een klooster-opvoeding waarin hij had geleerd zichzelf niet te ontzien, zich te versterven en zich in vertrouwen aan God over te geven. Hij was daarvoor vanuit Engeland naar een streng klooster in Ierland gegaan. Hij stak vervolgens in een wankel bootje met twaalf gezellen de Noordzee over en kwam hier in een voor hem onbekend land, met een vreemde taal, andere gebruiken, zonder het diepgaande geloof waarmee hij was opgegroeid in de veilige beschutting van de kloostermuren. Alles was anders: hier was hij onbeschermd, blootgesteld aan de natuur, aan gevaren. Alles moest hij zelf opknappen. De omstandigheden waren een uitdaging en vermoedelijk een beproeving voor zijn missionaire ijver. Die ijver was enorm groot. En in een lang en vruchtbaar leven is hij door de gebieden van de Benelux en nog verder getrokken om het evangelie te verkondigen en de kerk te planten. Sint Bonifatius die een tijd met Willibrord samenwerkte, verkondigde eveneens het evangelie en deed dat moedig, onverschrokken. Hij vond de dood, werd vermoord toen hij op hoge leeftijd naar zijn eerste missiegebied in Friesland terugkeerde. De grote verkondigers van het geloof in onze streken hebben dus vele beproevingen doorstaan.

Beproevingen kennen wij ook. Ons geloof, ons vertrouwen en onze trouw aan God worden op de proef gesteld, nu ook weer, in het missiegebied dat ons land weer is geworden, rijp voor nieuwe evangelisatie. Want in een geseculariseerde maatschappij zullen er steeds omstandigheden en gebeurtenissen zijn die ons geloof aanvechten en die ons vertrouwen op de proef stellen. Maar er zullen ook altijd weer – ook in deze tijden van corona – momenten zijn die ons geloof juist kunnen bevestigen, ons vertrouwen kunnen sterken. Het gaat er dus mede om dat we altijd op zoek blijven gaan naar wat ons nieuwe impulsen kan geven, voor nieuwe inspiratie. Willibrord zocht die impuls voor zijn eigen leven in een klooster buiten zijn vaderland. Hij ging met moed en veel vertrouwen naar een onbekend gebied. Hij hield zich vast aan het vertrouwen dat zo rijk wordt beloond.

Het evangelie van vandaag verhaalt ons van de laatste ontmoeting van Jezus met zijn leerlingen. Ze hadden veel met hem meegemaakt, talloze wonderen ervaren. Ze hadden Zijn woorden gehoord en dagelijks in Zijn nabijheid mogen vertoeven, maar ook Zijn kruis gezien. En ze hadden de verrezen Heer een aantal keren mogen aanschouwen. 'Toen zij Hem zagen, wierpen ze zich in aanbidding neer; sommigen echter twijfelden.' De meeste apostelen vertrouwden zich aan Hem toe en zij aanbidden Hem. Sommigen echter twijfelen. We weten echter dat die twijfelaars heiligen zijn geworden, heilige apostelen. Dat geeft ons moed, want zij hebben getwijfeld, na al hun ervaringen, na zoveel met Hem gedeeld te hebben. Dan is er ook nog hoop voor ons met ons kleine geloof, met onze weinige moed, met onze zwakheid en twijfels!

Jezus antwoordt aan de apostelen die zo aarzelen en twijfelen of ze wel in aanbidding zullen neervallen: 'Mij is alle macht gegeven, ga en maak alle volkeren tot mijn leerlingen...leert hun te onderhouden alles wat ik u bevolen heb...zie, Ik ben met u alle dagen..'. Jezus antwoordt dus in feite: alles, alles, alles. Je moet er helemaal voor gaan. Ik wil alles. Al je kaarten moet je op Mij zetten en op niets en niemand anders. Willibrord en alle eerste geloofsverkondigers getuigden van moed en ondernemingszin. Alles hebben zij gegeven. Dat was niet op menselijke kracht gebaseerd, maar op hun Godsvertrouwen en hun vorming in het geloof. Moge de voorspraak van de heilige Willibrord ons kleine geloof beschermen opdat wij steeds weer nieuwe inspiratie opdoen en geloofsverkondigers zullen zijn.

+JAN HENDRIKS
Bisschop van Haarlem-Amsterdam
(Uit: Prekenboek Doe maar wat Hij u zeggen zal)

God blijft een mysterie dat we mogen leren kennen als Liefde

VOOR DEZE BUNDEL KOOS IK vijf gebeden van Pater Frans Cromphout, een Vlaamse jezuïet die leefde van 1924 tot 2003. Ze komen uit zijn bundel "Een tijd van spreken", uitgegeven bij Lannoo in 1969.

Het is verdraaid moeilijk om gebeden te maken die geschikt zijn om hardop te worden gebeden. De tekst moet helder zijn zodat de luisteraar het de eerste keer begrijpt. Wat gezegd wordt moet invoelbaar zijn zodat men er "Amen" op kan zeggen. En het allerbelangrijkste is: God moet God zijn. Niet een uitvoerder van ons verlanglijstje, niet een onbewogen beweger veraf, niet een wrekende tiran die verzoend moet worden. God blijft een mysterie dat we mogen leren kennen als Liefde. Frans Cromphout is daar in geslaagd.

Het zesde gebed werd geschreven door de Franse wetenschapper Pierre Teilhard de Chardin, eveneens jezuïet. Het is een gebed voor hen die een hoge leeftijd bereiken en meemaken hoe hun gezondheid achteruit gaat. Het is een eerlijk gebed dat de aftakeling niet ontkent, maar vol vertrouwen reikt naar de Schepper die ons mens zijn deelde en opnam in zijn goddelijk leven.

Tenslotte deel ik graag de woorden van zending uit het genoemde boekje van pater Cromphout. Wanneer ik voorga in de Eucharistie leid ik de afsluitende zegen vaak als volgt in:

De Heer vertrouwt u zijn woord en zijn lichaam toe.
Ga dan: spreek zijn woord,
en wordt zijn lichaam voor de wereld.
De Heer zegene u opdat gij een zegen moogt zijn.

JAN STUYT SJ

Midden in het leven

God, gij werkt in de wereld
onopvallend, maar onweerstaanbaar
als het verborgen zaad
dat telkens weer opschiet.

Laat ons horen en zien
hoe gij overal werkzaam zijt
in bevrijdende woorden en vruchtbare daden.

Scherp onze aandacht
voor die wonderen zonder naam,
en wij zullen het uithouden
met alles wat nog onvoltooid is
in ons en om ons heen.

Wij zullen het aandurven alles te hopen
wat gij ons te hopen geeft:
de nieuwe mens,
de herschepping van alle dingen
in Christus, onze Heer.

FRANS CROMPHOUT SJ

God van de wereld

God, veelvuldig en wonderbaar
is uw werkzaamheid.
Gij zijt de Heer van de wereld.
Mensen die u niet kennen
neemt u bij de hand
en ze volbrengen uw wil.

Doe ons uw werk en uw geest herkennen
in al het goede dat tot stand komt.
Ga voor ons uit
op onze weg door deze tijd
en voer ons met alle mensen
naar de volkomen vrijheid
in Jezus Christus, uw Zoon.

FRANS CROMPHOUT SJ

Voor de tijd waarin wij leven

Laat ons bidden voor deze tijd met zijn kansen en gevaren.
Wat onze tijd zal worden, ten goede of ten kwade,
ligt ook in ónze hand.

Laat ons God danken
voor al wat de scheppende geest van de mensen
ontdekt en tot stand brengt
en laat ons bidden
dat de ongehoorde macht
die in onze handen gelegd is,
een zegen mag zijn.

Laat ons bidden
dat onze steden bewoonbaar worden,
dat de mens niet misbruikt wordt,

dat zijn vrijheid niet wordt aangetast
en dat de vooruitgang alle mensen ten goede komt.

Laat ons bidden voor onszelf
dat wij in deze tijd van overvloed
geen ondankbare en ontevreden generatie worden,
dat de welvaart ons niet hard maakt
en ongevoelig voor de nood van anderen,
dat wij tijd en aandacht vrij maken voor elkaar,
om samen mens te worden.

God, die het kleine en het grote
met dezelfde zorg omringt,
leer ons eerbiedig en dankbaar omgaan
met heel uw schepping en met alle mensen
door Christus, onze Heer.

FRANS CROMPHOUT SJ

Wonder

Al onze dagen
zijn vol van uw wonderen.
En het grootste is
dat er telkens weer mensen zijn
die geloven in uw Zoon
en durven ingaan op zijn woord.
Hernieuw dát wonder in ons
van dag tot dag:
dat wij het ernstig menen met hem
en uit geen andere volheid leven
dan uit zijn woord
en uit zijn geest.

FRANS CROMPHOUT SJ

God voor ons uit

God, gij zijt altijd groter
dan wij durven verwachten:
gij doet nieuwe en ongehoorde dingen.
Als om ons heen een wereld ineenstort,
brengt gij uw nieuwe schepping tot stand.

Maak ons aandachtig
voor uw werkzaamheid in deze tijd,
dat wij niet blijven staan
bij wat voorbij is
en u niet zoeken waar gij niet zijt.

Ga voor ons uit,
gij die onze toekomst zijt.
Laat ons nieuwe wegen zoeken
en met elkander stand houden
in alle onzekerheid.
Maar geef ons de zekerheid
dat ook vandaag uw kracht werkzaam is
en dat gij voortdurend de wereld vernieuwt
door Christus onze Heer.

FRANS CROMPHOUT SJ

Gebed bij het oud worden

Ik heb U mogen ontdekken, God,
als "Degene die mij te boven gaat".
Geef dat, wanneer mijn uur gekomen is,
ik U herkennen mag
in de gedaanten van machten die vreemd en vijandig
uit lijken te zijn op mijn vernietiging.

Wanneer mijn lichaam tekenen van slijtage gaat vertonen
– en meer nog als mijn geest dat doet –,
wanneer de ziekte die mij verzwakken zal of doen bezwijken
me aanvalt of vanbinnen groeit,
wanneer dat pijnlijke moment zal komen
waarop ik plotseling weet
dat ik ziek ben of oud,

en vooral op dat laatste ogenblik,
wanneer ik voel dat ik alles los moet laten,

me overgeven in de handen van de onbekende machten
die mij ooit hebben gemaakt,

in al die donkere uren,

geef mij dan te verstaan, mijn God,
– als mijn geloof tenminste groot genoeg is –
dat U het bent
die mijn vezels rauw en pijnlijk blootlegt,
om door te dringen tot het merg, mijn wezen,
om mij te halen en te dragen
– ik in U.

PIERRE TEILHARD DE CHARDIN SJ
Le Milieu Divin (1957)

Nederlandse vertaling op www.cardoner.eu

Antoine Bodar | Van Sint Maarten tot Kerstmis

Waarom zouden christenen niet voor één keer de wereld willen volgen?

ZODRA HET NAJAAR INTREEDT, WIJ Allerheiligen en Allerzielen vieren, de bladeren vallen en de regens zich vermenigvuldigen, beginnen mensen zich voor te bereiden op Kerstmis, ofschoon dat christelijke hoogfeest voor velen niet meer is dan het midwinterfeest, het vreugdevolle samenzijn in de donkerte, de wintervakantie. De kerstversiering wordt alvast tevoorschijn gehaald en de kerstliederen worden al zo dikwijls beluisterd, dat eenieder op 25 december in verzadiging al wat moe van kerst is, ook al wordt de week van Kerst tot Nieuwjaar evengoed nog gevierd, totdat op 2 januari het echt tijd is de Kerstboom buiten te zetten, zich te begeven naar de Nieuwjaarsborrels en het voorjaar af te wachten. In de wereld valt de Kerstvreugd al in de tijd die voor christenen pas de Advent is.

Zo niet de Kerk: Terwijl de mensen buiten de kerk al volop aan het vieren zijn, beginnen christenen de Advent, de periode van verwachten en uitzien, pas vier weken vóór Kerstmis en meestal korter tot bijna drie weken om de geboorte van de Verlosser te gedenken en te vieren. Het is een groots te vieren en te genieten feest dat met een geruime voorbereiding in verwachting nog groter zou kunnen worden.

Hoe kan de Verlosser immers onder ons wonen en voor ons worden overgeleverd, sterven én verrijzen uit de dood, als Hij niet eerst als Kind is geboren?

Terwijl tegenwoordig de Kerk de Advent kort houdt, al naar gelang Kerstmis valt in de vierde week, en de Kersttijd sedert de liturgiehervorming van het Tweede Vaticaans Concilie nog korter is, zouden vele christenen liever een langere Advent en een langere Kerstperiode willen beleven.

Natuurlijk zou de wereld de Kerk moeten volgen en niet de Kerk de wereld. Dat houden hardnekkig vromen en preciezen elkaar althans voor. Maar waarom zouden christenen hier nu niet eens de wereld volgen en inspelen op de gegroeide maatschappelijke praktijk onder het motto dat christenen de opdracht hebben de mensen buiten de kerk op te zoeken, naar hen toe te gaan en hun missie van getuigenis op bescheiden wijze aan de man te brengen.

Waarom openen mensen van het carnaval al op de elfde van de elfde hun seizoen van feestgedruis en drinkgelag? Dat gebruik gaat niet minder tot de Kerk terug dan carnaval zelf.

Na carnaval begint de vastentijd met Aswoensdag. Al degenen, die uitbundig hebben gejubeld met carnaval, komen vanzelfsprekend het Askruisje halen om te bedenken dat de mens stof is en tot stof wederkeert.

Op 11 november viert de Kerk de heilige bisschop Martinus. En her en der eertijds -- en dat nog steeds volgens de Ambrosiaanse ritus -- is terstond nadien de Advent begonnen. De Kerk zou nu dat gebruik van het diocees Milaan kunnen overnemen, als gevolg waarvan de Advent ruimer -- zes weken -- de intieme voorbereidingstijd wordt om eerst Christus' tweede komst (waarop de lezingen aan het einde van het liturgische jaar nu al voorbereiden) en nadien Zijn eerste komst in de kribbe te overwegen en te vieren.

Niet zoals de Veertigdagen is de Advent louter oproep tot inkeer en boete die uitmondt in meditatie over de Passie des Heren en hetgeen daarop volgt. De Advent is blijer als tijdspanne -- niet de Passie maar de Geboorte wordt in deemoed vol verwachting overwogen. God wordt mens om ons deel te geven aan Zijn goddelijkheid. Zijn komst is de troost van Zijn medeleven en barmhartigheid. Later pas komt met Goede Vrijdag de verlossing en met Pasen de verrijzenis. Om te kunnen verlossen – reden waarom God is mens geworden – is de Verlosser eerst geboren. We krijgen met Kerstmis reeds het uitzicht op het eeuwige leven, wanneer Jezus de Christus als eerste uit de doden wordt opgewekt.

De perioden van Advent en Kerstmis in de winter openen het uitzicht naar het nieuwe leven in eeuwigheid in de lente.

En de huidige Kersttijd? Holder-de-bolder vallen de feesten over elkaar heen. Veel ademtocht wordt ons niet gelaten om het ene of het andere geloofsmysterie dieper tot ons te laten doordringen, afgezien nog van het in die krappe tijd toegevoegde feest van de Heilige Familie.

In dit kader mag ter zijde de vraag worden gesteld, of het werkelijk schrander is hoogfeesten naar zondagen erna (of ervoor) te verplaatsen, zoals dat van Driekoningen in Nederland en dat van des Heren Hemelvaart in Italië. Hier zou ik de wereld juist niet volgen maar de Kerk. Al die verplaatsingen doen mijns inziens afbreuk aan de oorsprong van het te vieren geloofsmysterie, wanneer in de liturgie dikwijls wordt gesproken over ‘hodie’ (heden).

De opwaardering van Pasen ten nadele van Kerstmis is meer in overeenstemming met die van de Zusterkerken in de Orthodoxie. Niettemin kan het hoogfeest van de Verrijzenis des Heren het hoogfeest van Zijn Geboorte alleszins verdragen.

Het getuigt niet van rekening houden met de westerse traditie de huidige Kerstperiode zo te beknotten als heden sedert ruime een halve eeuw het geval is.

Is het hoogfeest van de Verschijning des Heren voorbij, meteen volgt de Doop des Heren – met enig geluk wat de kalender aangaat – de zondag na dat hoogfeest van Driekoningen. En de Kersttijd is voorbij.

Het is niet zo maar dat tijdens de pontificaten van Johannes Paulus II en Benedictus XVI de kerststal en zelfs de kerstboom op het Petrusplein bleven staan tot 2 februari, Maria Lichtmis, zoals ook nog steeds in tal van Italiaanse kerken.

Tot vóór een halve eeuw is de Kersttijd pas veertig dagen nadien met de Opdracht van Jesus in de Tempel besloten -- mijns inziens een veel natuurlijker besluit. Het zou zijn toe te juichen, indien dat oude inzicht, dat rekening houdt met het Christenvolk en tevens daarop in oude wijsheid is gericht, wordt herontdekt.

Aldus hopen wij op een verlengde tijd van de Advent door eerder daarmee te beginnen en een verlengde tijd van Kerstmis door langer daarmee door te gaan. Beide perioden sluiten wat betreft de Advent meer aan bij de geseculariseerde wereld en wat betreft Kerstmis meer bij de christenen die gaarne leven volgens de vanzelf spekende en niet volgens de als artificieel ervaren kalender van het liturgische jaar.

ANTOINE BODAR
Priester in Rome en Amsterdam

Sint Maarten

Sint Maarten, strijdbaar man
en wijs in 't ware weten
zo hoog te paard gezeten
heeft liefde uitgemeten
als edelman
Sint Maarten, strijdbaar man
in alle eenvoud levend
zichzelf in goedheid gevend
naar recht en waarheid strevend
als dienstbaar man
Sint Maarten, strijdbaar man
gehoorzaam en bewogen
vervuld van mededogen
zichzelf niet verhogend
als eerbaar man
Sint Maarten, strijdbaar man
genezer en bezweerder
en liefdevol beheerder
van wat het woord hem leerde:
gelovig man
Sint Maarten, strijdbaar man
in waken en in dromen
had hij een stem vernomen
dat 't rijk van God zou komen:
goedheiligman!

WIM PENDRECHT

uit: Liedboek Protestantse Kerk Nederland

Heer, ik heb genoeg

Heer, ik heb genoeg.
Ik heb twee ogen
als diamanten zo kostbaar,
een mond om te fluiten
en een gezondheid
die niet te betalen is.

Heer,
ik heb genoeg.
Ik heb een zon aan de hemel.
Ik heb een dak boven mijn hoofd.
Ik heb werk voor mijn handen.
Ik heb een welgevulde tafel
om van te eten
en ik heb mensen
om lief te hebben.

Heer, ik heb genoeg.

Gebed uit dankbaarheid

MIJN GEBOORTE- EN WOONPLAATS UTRECHT staat onder de bescherming van Sint Maarten. Ons stadswapen - en ook de shirts van FC Utrecht - herinneren eraan dat Sint Maarten zijn halve rode mantel afscheurde om te delen met een bedelaar. Hij zag de nood van de ander en was zich bewust van zijn rijkdom.

In mijn ouderlijk huis baden we dit gebed aan het begin van de avondmaaltijd. Een gebed uit dankbaarheid. Voor de maaltijd. En voor alles wat ons toevalt.

Een paar jaar geleden klonk de parabel van de verloren zoon bij ons in de kerk. De voorgangster liet me door haar overweging het verhaal met nieuwe oren horen. De oudste zoon voelt zich achtergesteld als hij ziet hoe zijn vader zijn verloren zoon onthaalt. Maar die oudste zoon heeft zijn leven lang al zoveel gekregen. Hij is nooit iets tekortgekomen. Geldt dat ook niet voor mij?

Heer, ik heb genoeg.

MANON VANDERKAA
Voormalig directeur ouderenorganisaties KBO-PCOB, sinds oktober directeur van vereniging van verpleegkundigen en verzorgenden in Nederland

Bidden is beminnen en bemind worden

"Saai ! Saai !" roept mijn veertienjarige neef uit als ik hem vertel over mijn leven van gebed als trappistin. Ik denk bij mezelf : hoe kan ons leven nu saai zijn ? Ik leef in een B&B die 24/24 en 7/7 open is. De B van bidden en de B van beminnen. Want bidden is beminnen en bemind worden. Daarmee belanden we in het register van het mooiste, het gemakkelijkste en het moeilijkste van een mensenleven. Bidden is in relatie treden - wat beminnen bij uitstek is - je hart openen en voelen dat je leeft. Bidden en beminnen zijn voor mij het enige wat zin geeft aan het leven en daarmee ook het mooiste wat er bestaat. Ook het gemakkelijkste : zodra je je met je hart en je geest tot God richt, ben je aan het bidden. Veel eenvoudiger kan het toch niet ? Maar telkens weer schuiven er wolken voor die goddelijke zon en stel ik vast dat ik wegglijd, terugplooi op mezelf, bezig ben met eigen plannetjes en projectjes, afhaak. Daarom is het ook het moeilijkste. Het vraagt training om met hart en geest bestendig bij God te blijven, de relatie scherp te houden. We blijven mensen, geïncarneerde wezens en dit betekent dat alles onophoudelijk op en af gaat, ook onze relaties, ook ons bidden. Maar je mag "nooit wanhopen aan Gods barmhartigheid", leert Sint-Benedictus ons. Want zoals beminnen de ademhaling van het hart is, zo is bidden de ademhaling van de ziel. "Boeiend ! Zo boeiend !" jubel ik zachtjes...

ZR. KATHARINA MICHIELS
Abdis O.L.Vrouw van Nazareth
Brecht

Ziel van Christus, heilig mij

Ziel van Christus, heilig mij
Lichaam van Christus, wees mijn heil
Bloed van Christus, maak mij dronken
Water uit Christus' zijde, was mij
Lijden van Christus, sterk mij
O mijn goede Jezus, hoor mij
In uw wonden verberg mij
Laat mij niet van U scheiden
Verdedig mij tegen de boze vijand
Roep mij in het uur van mijn dood
En laat mij dan bij U komen
Om U met uw heiligen te loven
In de eeuwen der eeuwen.
Amen.

Gebed van een anonieme bidder

DIT EEUWENOUDE GEBED VAN EEN anonieme bidder, werd door de heilige Ignatius van Loyola veelvuldig aangehaald tijdens de geestelijke oefeningen. Het is wereldwijd bekend en wordt alom gebeden als gebed van dankzegging en overweging na het ontvangen van de heilige Communie. Het is een meditatie op de verlossing door het lijden van Christus. Zijn lijden voor en omwille van ons was mogelijk, omdat Hij, ware God, voor ons mens geworden is. Hij nam een menselijke ziel en lichaam aan, om ons de weg te wijzen, om onze zonden te dragen en ze te vergeven, om ons door Zijn kruis de genade te geven om ons te heiligen. De onsterfelijkheid van de menselijke ziel was sinds mijn kindertijd een wederkerende gedachte. Het zoeken naar antwoorden omtrent dit thema bracht mij tot een verdieping van mijn geloof. Bij Jezus en in de Katholieke Kerk kwam ik thuis. Jezus zelf had immers een ziel, met intelligentie en wil en in de Hof van Olijven legde Hij Zijn leven helemaal in Gods handen: *"Mijn ziel is bedroefd tot stervens toe... maar toch: niet zoals ik wil, maar zoals Gij wilt"* (Mt. 26, 38-39). In Zijn wonden vinden wij vrede en bescherming, want ook al zijn zij tekenen van Zijn lijden, ze zijn tevens tekenen van onze redding. Door middel van zijn wonden heeft Hij de wereld verlost. De zinsnede: *"In uw wonden verberg mij"*, raakt mij telkens weer, zodat ik niet bang ben om mijn toevlucht bij Jezus te blijven zoeken. Zijn wonden vertellen mij immers van Zijn grote liefde. Hoe kan ik aan Hem twijfelen? Beter is het mij te vragen hoe te antwoorden op Zijn alles gevende Liefde. De wonden van Jezus leren me te vertrouwen. Nooit zal een God, die zoveel voor mij leed, mij verlaten! Mijn toevlucht zijn Zijn wonden, waar ik me verbergen kan voor het kwaad en waar ik de diepte van Zijn warme Liefde kan ervaren.

Mijn ziel werd uit God geboren, die mij schiep naar Zijn evenbeeld en door het water van het doopsel behoor ik Hem toe. Daarom verlang ik zo innig naar Hem en kan ik het niet vermijden, Hem telkens weer te vragen mij tot zich te roepen. Jezus wil ik liefhebben en navolgen en voor altijd bij Hem blijven, ook na mijn sterven aan deze wereld. Jezus verdedigt ons als wij nader tot Hem komen. Hij beschermt ons voor het kwade en is licht in de duisternis. Hij geeft de genade van het onderscheid tussen het goede en het slechte, om nooit van Hem gescheiden te worden, ondanks onze zwakheden. Bij liefhebben hoort dienen en ik verlang ernaar mijn leven lang van Hem te houden om te kunnen dienen. Op een dag zal Jezus ons vragen naar het waarom van onze daden en nalatigheden, dan zal Hij ons hart wegen en zal de waarheid aan het licht komen. Hij verdedigt ons met

Zijn licht. Daarom, telkens als ik de heilige Communie mag ontvangen - lichaam, ziel, bloed en goddelijkheid van Jezus onze Heer - ontspringt in mij de hoop en ontvlamt mijn ziel in verlangen naar de ontmoeting met mijn Geliefde God in een altijddurende omhelzing, daar waar de heiligen wonen.

MARIA DE ANIMA CHRISTI, *jarenlang de bezielende vrouw wereldwijd achter de blauwe zusters, daarna in grote dienstbaarheid en onder moeilijke omstandigheden verhuisd naar de randen van Rusland, als een missionaris in Khabarovsk waar op weg naar Kerstmis een nieuw onderkomen in gebruik werd genomen, huize Nazareth. Om nog eens aan te geven dat het Licht van Christus nooit ver weg is. Daar in huize Nazareth te Khabarovsk schreef Maria de Anima Christi bovenstaande tekst.*

André Louf | Christus Koning

Jezus is aanwezig in de arme

JEZUS IS GEEN KONING VOOR de grap. Ook niet een eenzame Koning. Zijn Rijk is echt, maar het wordt beneden slechts tussen de kleinsten en de armsten opgebouwd. Jezus heeft er een lijst van opgesteld: zij die honger en dorst lijden en hun eten bij elkaar moeten bedelen; de vreemdelingen die om onderdak komen vragen; de naakten die gekleed moeten worden; zieken en gevangenen die door ons bezoek getroost kunnen worden. Jezus zegt nog niet dat dit zijn leerlingen zijn, en nog minder dat ze in hem geloven. Voor het ogenblik volstaat het dat zij klein, arm en hulpbehoevend zijn. Want Jezus is aanwezig in de arme en wacht er een teken van verering af voor zijn Koninkrijk. Jezus bouwt hier beneden reeds aan zijn Koninkrijk, maar tussen armen en samen met hen. Want waar armen zijn kan de Goede Boodschap verkondigd worden en zal God opnieuw wonderen verrichten en zijn overvloed meedelen.

De volheid van het Rijk aan het einde der tijden zal niet grondig verschillen van het verborgen Rijk dat vandaag in armoede opgebouwd wordt. De glorie van de jongste dag zal alleen maar aan het daglicht brengen wat vandaag reeds gezaaid werd tussen de geringen. En Jezus, ware Koning, zal er nog steeds zijn, zoals hij er vandaag reeds is en steeds dezelfde. 'Jezus Christus is dezelfde gisteren, vandaag en tot in eeuwigheid' (Heb.13,8). Alleen wie echt zijn broeder bemint, kan vandaag reeds de Koning van de glorie herkennen, verborgen onder de kleinen en geringen.

ANDRÉ LOUF
Jarenlang abt van de Katsberg in Frans-Vlaanderen, daarna kluizenaar in de Provence bij de benedictinessen, overleden in 2010 (Uit: Mijn liefde is U genoeg, prekenboek uit 1986)

Het Jezusgebed

DE OCHTEND IS DE MEEST uitgelezen tijd voor gebed omdat je dan nog niet in beslag wordt genomen door de zorgen van de dag. Ik heb geen vast stramien, doe het meestal in stilte. Ik herhaal het Jezusgebed: *Heer Jezus, Zoon van God, ontferm U over ons.* Daar heb ik lang over nagedacht, want het is eigenlijk een ontferming over *mij*, maar ik ben *ons* gaan zeggen omdat de meeste liturgische gebeden in de westerse kerk het zo formuleren: ontferm U over ons!

Gebed is een ernstige zaak, maar het is niet goed dat een mens zichzelf ernstig neemt. Er is bij ons wel eens een boek voorgelezen van bisschop Tutu die in een studie het volgende had gezegd: dat veel mensen die ik en mij zeggen in hun gebeden het slachtoffer worden van een hartaanval of hersenbloeding, maar dat mensen die in de eerste persoon meervoud spreken daar minder last van hebben. Ik heb sindsdien een liturgisch traditionele maar ook een opportunistische reden om te bidden: *ontferm U over ons*!

JOS WOUTERS

Voormalig abt van Averbode en sinds 2018 abt-generaal te Rome van norbertijnen wereldwijd

Onze Vader

Heer; leer ons bidden. Een vraag van de leerlingen aan Jezus. Zij hebben Jezus zien bidden. Jezus en God, Jezus en zijn Vader – het geheim van zijn leven! En dat deelt Hij met ons in het gebed dat Hij zijn leerlingen geeft. Het besef dat het Onze Vader het gebed van Jezus zelf is, maakt het zo anders. Het zijn de gebedswoorden van Iemand die leeft in relatie met zijn Vader. Die woorden hebben daardoor ook het vermogen ons binnen te leiden in die leven gevende relatie. Want God mogen we met, in en door Jezus 'Vader' noemen. De Onzienlijke, de Onnoembare, voorbij alle woorden, mogen we met een menselijke naam aanspreken: 'Vader', zelfs 'onze Vader', van Wie ook wij de kinderen zijn en die daardoor ook onderling verbonden worden, want kinderen van éénzelfde Vader. Ik bid daarbij vaak: *Open ons hart voor die waarheid, die ons bevrijdt uit onszelf en groot maakt.*

Vader – zo nabij – en toch evenzeer de Gans Andere – *in de hemel* – onvatbaar mysterie. Bidden is ontvankelijkheid, openstaan naar. Bidden is nooit greep hebben op, toe-eigenen. De eerste beden van het Onze Vader verwijlen bij dit geheim: *uw Naam, uw Rijk, uw Wil.* Het is een schroomvol binnentreden in de wereld van God. *Uw Naam worde gehei-*

ligd – God echt God laten zijn. *Uw Rijk kome* – Gods ontstellende nabijheid, een op mensen betrokken God. *Uw Wil geschiede* – heil, redding voor alle mensenkinderen.

En van daaruit mogen wij, mag ik vragen: dagelijks brood, vergeving van onze schulden en behoeden voor de beproeving. *Dagelijks brood*: daarbij bid ik niet alleen voor ons levensnoodzakelijk brood, maar evenzeer voor het Eucharistisch Brood én voor het brood van het Woord – Christus Jezus zelf – zo nodig tot voedsel van ons geestelijk leven. *Vergeving*: *bij U is vergeving en daarvan leven wij* (Ps. 130). Vergeving ontvangen en evenzeer vergeving naar anderen toe. En tenslotte het besef dat beproeving deel uitmaakt van ons leven, maar weten: God is Vader en daarom : *Wees ons nabij, behoed ons, vrijwaar ons. Wees Gij ons behoud en onze kracht.*

BR. MANU VAN HECKE
Abt van Sint-Sixtus abdij te Westvleteren

Onze Vader

Onze Vader
die in de hemel zijt
Uw naam worde geheiligd,
Uw rijk kome,
Uw wil geschiede,
op aarde zoals in de hemel.
Geef ons heden ons dagelijks brood
en vergeef ons onze schulden
zoals ook wij vergeven aan onze schuldenaren
breng ons niet in beproeving
maar verlos ons van het kwade.
Amen.

Hoopvol teken in deze donkere tijden

DIT IS EEN GEBED DAT ik ooit schreef in de adventstijd, geïnspireerd door een Adventspreek van Sint Bernardus. Juist het geloof in de menswording is voor mijzelf zo'n hoopvol teken in donkere tijden. Een God die op ons mensen betrokken is en die zo betrokken is dat Hij niet op afstand blijft, maar in de Zoon ons leven komt delen. Hij van wie Sint Jan schrijft: die niet gekomen is om ons te oordelen maar om ons te redden en leven te geven in overvloed. Met die God leef ik, tot die God bid ik, in die God geloof ik.

MANU VAN HECKE
Abt St Sixtusabdij Westvleteren

Heer God,
Waarom komt Gij naar ons toe?
Hoe komt het dat wij zo kostbaar zijn in uw ogen?
Gij zijt op zoek naar de mens.
En wat een waardigheid voor ons
door U gezocht te worden.
In de menswording van uw Zoon
wordt die toewending naar ons toe vlees en bloed.
Wij danken dat Gij ons zo genadig aanziet,
dat Gij ons zo menselijk nabij komt.
Geef ons de moed en de kracht
om in dit geloof te leven en
het uit te stralen
in alles wat we zijn en wat we doen.
Wij vragen het U
door Christus, onze broeder en Heer.
Amen

MANU VAN HECKE

Gebed voor het kruis

Hoogste, roemrijke God,
verlicht de duisternis van mijn hart
en geef mij het ware geloof,
de gegronde hoop en de onverdeelde liefde,
het aanvoelen en de kennis,
Heer, om uw heilige en waarachtige opdracht
te kunnen uitvoeren.
Amen.

FRANCISCUS VAN ASSISI

Twee gebeden van Franciscus van Assisi

MET DIT VROEGE GEBED VAN Franciscus kan ik terugkeren naar de eenvoud en het vuur van het begin. Franciscus bidt voor het kruis van San Damiano. Hij is jong en nog alleen, maar hij heeft al het nodige achter de rug. Hij werkte als koopman in de stoffenzaak van zijn vader, hij nam deel aan een bloedige veldslag en werd daarbij krijgsgevangen genomen. Daar kiest hij niet meer voor, hij wil nog maar één ding: Gods heilige en waarachtige opdracht volbrengen. Maar hoe? Hij bidt hartstochtelijk in één zin dat God hem daarvoor innerlijk toerust. Opvallend is hoe hij heel zorgvuldig alles benoemt wat hij ervaart nodig te hebben. Heel mooi vind ik: 'Verlicht de duisternis van mijn hart', woorden die ook bij de heilige Clara weerklank zullen vinden. Franciscus bidt niet: 'Verlicht mijn duistere verstand', hoewel hij ook zal vragen om de kennis, maar: 'Verlicht de duisternis van mijn hart'.

Nog tastend in het duister bidt en waakt het hart van Franciscus, wachtend op Gods licht en leiding.

Gebed voor de hele orde

Almachtige, eeuwige, rechtvaardige en barmhartige God,
geef ons, erbarmelijke mensen,
omwille van Uzelf te doen
wat wij weten dat Gij wilt,
en altijd te willen wat U behaagt,
opdat wij, innerlijk gezuiverd,
innerlijk verlicht
en door het vuur van de Heilige Geest ontstoken,
de voetstappen van uw geliefde Zoon,
onze Heer Jezus Christus, kunnen volgen
en door uw genade alleen
bij U, Allerhoogste, mogen komen,
die in volmaakte Drievuldigheid en eenvoudige Eenheid
leeft, heerst en wordt verheerlijkt, almachtige God,
door alle eeuwen der eeuwen.
Amen.

FRANCISCUS VAN ASSISI

Franciscus bidt dit gebed aan het einde van zijn leven, het is de afsluiting van zijn brief aan de hele orde. Hij heeft in de loop der jaren veel broeders gekregen en binnen de broederschap veel teleurstellingen ervaren. Toch bidt hij vanzelfsprekend in het meervoud. Ook dit gebed is uit één stuk, één zin, en het heeft de eenvoud en het vuur van het begin behouden. Nog steeds gaat het Franciscus voor zichzelf en nu ook voor zijn broeders om niets anders dan God: 'omwille van Uzelf'. Maar zijn gebed is wel gelouterd en verlicht, hij bidt om het vuur van de Heilige Geest voor de hele broederschap om het voetspoor van Gods Zoon te kunnen volgen en uit te mogen komen bij de Allerhoogste.

God is de Allerhoogste en de Barmhartige en wij mensen zijn op zijn barmhartigheid aangewezen. Alleen door Gods gave kunnen wij doen, weten en willen wat Hem behaagt. Franciscus heeft zijn levensopdracht zo goed als volbracht, maar hij is er nog niet. Hij blijft uitzien en leven in verwachting. Dat vind ik heel mooi. Hij ziet uit naar de grote ontmoeting – hij bidt om de ontmoeting met God.

ANGELA HOLLEBOOM

Abdis van clarissen in Megen

Bronvermelding:

Franciscus van Assisi, *De geschriften*. Vertaald, ingeleid en toegelicht door G.P. Freeman, H. Bisschops, B. Corveleyn, J. Hoeberichts en A. Jansen, Haarlem 2004.

- Gebed voor het kruis, blz. 172;
- Gebed voor de hele orde, blz. 162 – 163.

Iedere dag aanwezig

God in mensen – iedere dag aanwezig!
Moge ik open staan voor mijn gevoelens,
Moge ik liefde op haar waarde kunnen schatten,
Moge ik conflicten niet verdringen en uit de weg gaan,
Moge ik schrijnend onrecht tot me door laten dringen.
Ik zoek verbondenheid, harmonie en gerechtigheid.
Ik wacht op de vervulling van mijn verlangen,
En kom steeds weer bij het open einde ervan uit.
God in mensen te ontmoeten is de weg van Jezus
Die ik met alle mensen die ik ontmoet wil gaan.
Hij wordt mens, nu en in eeuwigheid.

THOMAS QUARTIER

Wachten op God in mensen

WACHTEN WE TEGENWOORDIG NOG OP de wederkomst van Christus? En hoe moeten we ons die wederkomst voorstellen? Gaat het om een gebeuren op het einde der tijden wanneer Jezus, die onder barre omstandigheden ruim tweeduizend jaar geleden werd geboren, als koning al het onrecht in de wereld recht zal zetten? Velen kunnen vandaag weinig met dit beeld van de eindtijd. "Moeten we daarop wachten?" Snel kom je in een fatalistisch doemdenken of in een goedkope vertroosting terecht. Voor mij gaat het echter niet om een ongrijpbare toekomst die ver weg is, maar om een realiteit die in mijn gebed iedere dag opnieuw mijn leven en de wereld kan veranderen.

Wanneer ik de vraag van lezers krijg of ik zelf op dat einde der tijden wacht, is mijn spontaan antwoord: "Nee, want Christus komt voor mij iedere dag terug – in mensen". In de mensen in mijn omgeving met wie ik in liefde verbonden ben, want Jezus leefde liefde. In mensen met wie ik het moeilijk heb of die mij irriteren, want Jezus maakte het de zijnen niet gemakkelijk en maakte heel wat irritatie los. En in de ontelbaar veel mensen die onrecht worden aangedaan. Ik zie het kerstkind in de kleintjes die op de Griekse eilanden op straat slapen, en lig daar wakker van. Het zijn ontmoetingen die soms nabij, soms met een afstand, de vraag laten rijzen wie God voor mij is. Ik moet mijzelf durven ontmoeten, wil ik God in mensen kunnen zien – in vreugde en pijn, rust en verontrusting.

De advent is idealiter een periode van inkeer: een voorbereiding, een tijd van wachten. Wederom is het niet zo eenvoudig om de vinger erop te krijgen waar we precies op wachten. Op het kerstfeest? Op een dieper inzicht? Op inspiratie? Of wellicht eerder op rust die juist in de hectische periode als het jaar langzaam ten einde loopt, broodnodig is. Van alles een beetje, lijkt mij. Maar dan is meteen de vraag wat dit wachten met mijn eigen menszijn doet. Ben ik bereid om meer mens te worden en God ook in mijzelf te ontmoeten? Vind ik de rust om van daaruit anders naar andere mensen te kijken en anders te gaan leven? Open ik mijn leven daadwerkelijk voor de ander zodat Jezus terug kan komen en mens kan worden anno 2020?

Als monnik zou je juist veel gelegenheid moeten hebben om die rust in de beslotenheid van het klooster en je gemeenschap te vinden. Het monastieke leven biedt de ruimte om te wachten. Toch is de verleiding groot om dit te beperken tot een verinnerlijking die aan je eigen menszijn – en dat van anderen – geen recht doet. Sta je vanuit je contemplatie open voor het nieuwe dat mensen op je pad brengen? Ben je vanuit je verlangen naar verinnerlijking nog in staat om je daardoor juist niet af te sluiten? Het zijn vragen die aan de monnik in ieder van ons gericht zijn, niet alleen kloosterbewoners. Er is maar één antwoord op, en dat is het gebed – in de breedste zin van het woord.

Toen ik mijn boek “Open einde van je verlangen” schreef, was ik me er niet van bewust dat de gebeden die ik schreef eigenlijk allemaal adventsgebeden zijn. Ze brengen het verlangen tot uitdrukking dat je God in alle mensen kunt ontmoeten: in de liefde, in conflicten en ook in het schrijnende onrecht dat aan de vluchtelingen Lesbos gebeurt die om hun leven en dat van hun kinderen moeten vrezen. Het verlangen impliceert een heilige onrust die je alleen maar toe kan laten vanuit de rust van een adventsgebed. Het wordt de motor voor de terugkeer van God – Christus – in je leven. Incarnatie voltrekt zich in ieder mens, iedere dag opnieuw. Open de grenzen: van je hart en van het stukje samenleving waar je deel van uit mag maken, en wees daarin even radicaal als Jezus van Nazareth dat was.

Hoe mooi zou de wereld zijn wanneer we zo’n gebed op weg naar kerstmis in onze stille binnenkamer, het klooster in ons leven, konden bidden. Hoe goed zou ons leven worden wanneer we onze blik vanuit ons innerlijk konden richten op het gelaat van God dat dagelijks voor ons verschijnt. En hoe ‘naïef’ mag dat klinken voor velen die een ‘realistische’ kijk op leven en wereld menen te hebben? Maar naïviteit is voor een bidder niet per se een negatief begrip. Het betekent dat je met de ogen van een kind naar de noodlijdende ander, naar de geliefde en ook naar degene op wie je boos bent, durft te kijken. Niet om je geweten te sussen of je eigen behoefte te bevredigen, maar omdat die ander God in je leven is.

Wanneer de dagen korter worden en de wereld donkerder lijkt, leven we in een tijd van biddende verwachting die onze liefde, onze conflicten en onze verontwaardiging tot motor voor een betere wereld kunnen maken. "Denk je echt dat gebed een manier is om de wereld te veranderen?", vroeg mij onlangs een lezer in een brief. Ja, ik denk dat het de enige manier is om de wereld beter te maken! Doe er wat mee – dan kan het kerstmis worden! De tekst op pagina 68 is ontstaan toen ik vanuit dat spontane gevoel probeerde te bidden. Ik deel hem graag, indachtig de God in mensen die ik steeds weer mag ontmoeten.

THOMAS QUARTIER OSB (1972), benedictijnermonnik, leeft in de Abdij Keizersberg in Leuven en is hoogleraar Liturgie aan de Radboud Universiteit Nijmegen en de KU Leuven. Dit jaar verscheen van zijn hand: *Open einde van je verlangen. Bidden met een hedendaagse monnik* (Adveniat 2020).

Samen Adventskrans maken

EEN MOOIE WEG OM JE voor te bereiden op het Kerstfeest is het maken van een Adventskrans. Ze vervult haar eigen rol in de liturgie, maar kan ook in huiselijke kring de vier zondagen op weg naar het geboortefeest van Jezus markeren. Dat geldt zeker voor deze tijden nu we vaker dan ons lief is aangewezen zijn op ons huis: om te bidden, te leven en te werken. Op de eerste zondag steken we de eerste kaars aan. Iedere zondag komt er een kaars bij. De kaarsen wijzen vooruit naar het Licht van de wereld, de geboorte van Christus.

De krans is rond en staat symbool voor de aarde, heel de wereld. Hij geeft ook de cirkel van de jaargetijden aan. De kaarsen staan niet alleen voor de vier weken van voorbereiding op de geboorte, maar ook voor de vier windstreken: noord, zuid, oost en west.

Je kunt de krans versieren met groene takken en paars lint, kleur van de Advent. Het is mooi als de kaarsen paars zijn. Met één afwijkende kleur, voor de derde zondag, die van Gaudete, Verheugt U. Want dan neemt de kerk reeds een voorschot op de naderende vreugde. Op deze zondag kunnen daarom ook de kerstkindjes gezegend worden, hoewel velen ook daarvoor de vierde zondag bestemmen. Als je voor het groen van de dennentakken kiest, verwijzen de naalden ook naar de doornenkroon die bij Jezus op het hoofd werd gezet toen hij zijn kruis moest dragen naar Golgotha. Zoals er trouwens vaker in deze tijd verwezen wordt naar de sterfelijkheid en het lijden van Christus, als een herinnering dat geboorte en sterven verbonden zijn in God.

Tenslotte, je kunt ook samen een Adventsstukje maken, met vier kaarsen en dennengroen. Ook zo breng je op speciale wijze de komst van Licht van de wereld tot uiting. Het geeft juist in deze tijden van corona een kans om op gepaste wijze, met afstand en toch ook in verbondenheid de Advent te beginnen, in huiselijke kring, met gebeden uit deze bundel.

PAUL VERBEEK

Paul Verbeek | Eerste zondag van de Advent

De kerststal van Franciscus van Assisi

Franciscus van Assisi was zo geraakt door het wonder van God die mens wordt dat hij woorden tekort kwam om dat geheim zichtbaar te maken voor mensen uit zijn tijd. Daarom zocht hij naar beelden en vormen die het wonder dichterbij brachten voor het leven van alledag, kleine mensen in de bossen en heuvels van Greccio. Dat werd de eerste levende kerststal in de geschiedenis, met dorpelingen die Maria en Jozef waren, met een baby als het kindje Jezus, met herders uit de omgeving, met de os en de ezel en de schapen van de boeren in het glooiende landschap. Maar ook met de wijzen uit het Oosten. Zo kon Christus opnieuw geboren worden onder gewone dorpelingen van Greccio, het nieuwe Bethlehem.

We schrijven 1223, een klein dorp niet zo ver van Spoleto en Foligno, zeker een paar dagreizen wandelen vanuit Assisi, door een gebied dat veel van de fysieke vermogens vroeg. En Franciscus had een zwak gestel en een sterk verminderd gezichtsvermogen. Hij was nog maar 41 jaar en toch aan het einde van zijn krachten. Maar nog één keer wilde hij naar het afgelegen Greccio in de provincie Rieti. Vergezeld door medebroeders lukte het hem, slechts een paar jaar voor zijn dood. Het werd zijn laatste publieke optreden. Dat moet een verpletterende ervaring zijn geweest, deze heilige Franciscus die iedereen wilde laten voelen dat God mens is geworden in de meest behoeftige omstandigheden, in de afzondering van een grot, met een kind in de kribbe met stro. De mensen vertelden het door, het wonder van God op aarde, in je eigen leven. Het was een kerstnacht die geschiedenis maakte. Want overal volgden mensen het voorbeeld van Franciscus: met kerstallen in kerken, dorpen en ook in huizen. Want iedereen voelde dat het wonder van het kerstkind zo meer nabij kwam. Dat geldt ook nog steeds vandaag de dag.

De kerststal is van alle tijden en van alle weken naar Kerstmis toe. Vanaf de eerste zondag van de Advent tot en met het feest van de Doop van de Heer (afsluiting van de Kersttijd) speelt deze stal een eigen rol. Zo kan de stal op de eerste zondag een plaats krijgen in je eigen huis en in de kerk. Op de tweede zondag vinden de dieren (de os en de ezel, met de schapen) hun weg naar de stal. Op de derde zondag volgen Maria en Jozef. Op de vierde zondag kan het kindje worden gezegend en komen de herders die waken bij de schapen. Na de nachtmis wordt het kerstkind in de kribbe gelegd. De Drie Koningen of Wijzen komen op hun feestdag aan waar ze blijven tot het feest van de doop. Op deze manier gaat de stal de hele kersttijd mee. Vooral kinderen krijgen dan de kans naar het wonder toe te groeien. Elke week gebeurt er iets nieuws in de kerststal. En juist voor die kinderen zijn er tegenwoordig ook speciaal kerstgroepen. Zo kunnen ze spelenderwijs vertrouwd raken met het wonder van Kerstmis: de geboorte van de Verlosser van de wereld, onze Heer.

Wachten

Wachten, waken, verwachten, hopen en verbeiden

I.

'Ik wacht de Heer, ik wacht Hem, ik hoop op zijn belofte.
Stil verbeid ik de Heer, meer dan wachters de morgen
Dat Israël wachte de Heer, van thans tot in eeuwigheid'
(Psalm 130).

WACHTEN OP EEN TREIN DIE vertraging heeft. Wachten op een vriend die komt, op een gestelde plaats en tegen een afgesproken uur... Wachten bij de kapper of de tandarts. We weten allen wel ongeveer wat wachten als ervaring inhoudt. Tussen veel dingen in, is er het kostbare of hoogst vervelende 'wachten', al naar gelang de omstandigheden.

Binnen het wachten speelt er zich van alles af: ongeduld, onrust, worsteling, onzekerheid. Verzenden we nog vlug een smsje om zeker te zijn over de plaats en de tijd van ontmoeten? En vooral hoe die leegte opvullen?

Tenzij men wat ervaring heeft opgedaan om dankzij die lege tijd, te verstillen, veel verlangens te laten varen, en uiterst aandachtig in het nu open te blijven: 'Kome wat komt!' We luisteren naar de wind, we vangen de schakeringen op in het groen vóór onze voeten, we ademen bewust, uit en in, dankbaar dat het leven in mij zijn gang doorzet, ongeremd. Met de woorden uit Psalm 130 kunnen we ons herkennen: 'Ik wacht de Heer. Ik wacht Hem', anders niet. Hij heeft zijn woord gegeven als een belofte. Hoe zou ik niet vertrouwen en hopen? 'van thans tot in eeuwigheid'.

BR. BENOIT STANDAERT

II.

'*De hoop wordt niet teleurgesteld*' (Romeinen 5).

Paulus laat die vijf woorden terloops vallen. Hij is daar zeker van. Hopen is nog niet zien maar toch zeker zijn dat zal komen wat verbeid wordt! 'Wie ziet, hoopt niet meer', schrijft hij nog. Hopen is verwachten zonder volledig zicht op de toekomst. In die openheid houden wij het uit, herhaalt hij meer dan eens.

Waarop hoopt hij dan? 'Op de schoonheid en de vrijheid van de kinderen Gods', is een van zijn antwoorden. 'Op de glorie', 'de heerlijkheid in God', is nog een ander antwoord! Er is een voltooiing in de maak, en wij groeien er naartoe. We leven en worden omgevormd 'van heerlijkheid in heerlijkheid', ook al gaat de uiterlijke mens teloor. De mens zit in een verhaal dat bestemd is tot een heerlijk einde. Nu al voelen we dit aan, zegt hij. Hoezo? Ja, 'de liefde van God is uitgestort in onze harten, door de Geest die ons werd geschonken', en juist daarom 'wordt de hoop niet teleurgesteld!' We zijn bewoond met een goddelijke kracht die omvormend werkt. Die Geest komt ons te hulp in ons waken en bidden. Zacht aangedreven laten we de Geest in ons bidden, 'volgens Gods bedoelingen'. 'Hij bidt in ons en spreekt voor ons ten beste in onuitsprekelijke verzuchtingen'. Hopen, wachten en waken is ruimte geven in ons aan die zo kostbare verzuchtingen van de Geest op de bodem van ons hart, dieper dan taal en woorden. Paulus stelt zelfs dat ook in de hele kosmos zo'n zuchten aanhoudend gaande is. Wij weten het dankzij onze lichamelijkheid, schrijft hij, want door ons lichaam heen delen ook wij in die zelfde hunker naar voltooiing. Laat ons dan waken en wachten, en hunkeren naar het schoonste dat nog moet komen. We schouwen het nu reeds, zij het nog van verre – in Christus, onze broeder, verheerlijkt in de glorie van zijn Vader.

BR. BENOIT STANDAERT

III.
'Liefde is geduldig wachten en dragen' (1 Korintiërs 13).

'Lijdzaamheid', 'lankmoedigheid', 'draagkracht', 'geduld' zijn zovele namen voor de liefde bij Paulus. We denken wellicht iets te vlug dat liefhebben met altruïsme te maken heeft, met 'iets doen voor de andere'. Dat is bijna nooit het geval bij Paulus, eigenaardig genoeg! Bij hem is liefde op de eerste plaats dragen, verdragen, een draagkracht ontwikkelen om de ander in zijn eigenheid de volle ruimte te geven. Niemand oordelen of meten naar onze eigen maat maar opnemen in de breedte en lengte van Gods ingewand in Christus. De anderen verdragen en ook onszelf verdragen, in één beweging want het verschil tussen beide is bij nadere beschouwing zeer klein! Wat we *niet* verdragen bij een ander, ligt niet ver af van wat we in ons eigen hart zien en moeilijk dulden. Jezus heeft ons aangenomen zoals we zijn en ons alles vergeven in naam van God. Laten we dan elkaar in een soortgelijk geduld dragen en liefhebben. 'Alles draagt zij, alles gelooft zij, alles hoopt zij, alles duldt zij', die radicale liefde van Paulus! Zalig wie heeft leren wachten en dragen, in hoop en liefde, innerlijk bewoond door meer en anders dan zichzelf. De Geest als de meest onuitputtelijke Bron onder zon, is wat een mens in staat stelt onwankelbaar te hopen, ook zonder de eindvoltooiing nu al te zien. De toegang tot de bron is ons geloof. De actuele ervaring is een onbegrensde liefde. De toekomst die ons wacht is voorwerp van de hoop, – 'hoop op heerlijkheid' die niet wordt teleurgesteld.

Vrede en blije hoop, in die verwachting,

BR. BENOIT STANDAERT

IV.

'Wees dan sterk, onverslagen van hart,
Gij allen die hoopvol de Heer wacht' (Psalm 31).

Met deze woorden eindigt de psalmist zijn hele gedicht. Tot ons allen richt hij deze dappere oproep: wachten en hopen veronderstellen kracht en kranigheid. 'Wees dan sterk, onverslagen van hart'. Zoals bij het boogschieten, geen pijl het doel treft tenzij de pees van de boog flink aangespannen wordt, zo ook ons geestelijk wachten. Heel de psalm is een aanloop tot die slotzin. We bidden en putten moed uit ons geloof in die Heer en God: 'Ik blijf, Heer, op U vertrouwen, ik zeg mijzelf: Gij zijt mijn God; in uw hand is mijn spanne levens'. Te midden van het gedicht horen we zelfs de woorden van Jezus aan het kruis, bij Lucas: 'In uw hand beveel ik mijn geest', en het vers gaat verder: 'Gij, Heer die mijn verlosser wilt zijn, Gij die een God zijt van waarheid'. Al psalmodiërend voed ik mijn hoop, en hoor ik de psalmist tegen het einde breed bemoedigend zeggen: 'Wees dan sterk, ja, wees onverslagen van hart, gij allen die hoopvol de Heer wacht!'

Hoe vaak horen we niet in de psalmen die zelfde oproep: 'Wacht dan de Heer! Verbeid de Heer!' 'O, als ik niet de zekerheid had het heil des Heren te zien in dit leven op aarde! Wacht dan de Heer en wees sterk, onbezweken van hart. Wacht dan de Heer' (einde van Ps 27)! Midden vorige eeuw schreef Samuel Beckett een toneelstuk met als titel: *Wachten op Godot*. Maar Godot komt niet, niet vandaag, alleen 'morgen', en het hele gesprek dat draait rond het wachten, blijkt ijl en hopeloos. Hoe anders klinkt de ervaring van wie bidt in de school van de psalmen, in het voetspoor van David, Jeremia, de armen van de Heer na de ballingschap, en van Maria en Jezus! De hoop wordt niet teleur gesteld (Ps 25) want Gods Geest is in onze harten uitgestort (Rm 5,5)! Zegen op zegen voor wie in vertrouwen blijft hopen!

BR. BENOIT STANDAERT

Paul Verbeek | Tweede zondag van de Advent

Leg je knopen bij Maria, naar het voorbeeld van paus Franciscus

OP WEG NAAR KERSTMIS VIEREN we op 8 december het Hoogfeest van de Onbevlekte Ontvangenis van Maria. En dat feest is een moment bij uitstek om de knopen van je leven bij Maria neer te leggen. Dat is vastgelegd op een schilderij te Augsburg, gemaakt door Johann Melchior Schmittdner in Duitsland, aangeboden door de kleinzoon van Wolfgang Langenmantel en Sophie Imhoff aan de kerk Sankt Petrus am Perlbach. En dit gebeurde niet zonder reden. Er gaat een verhaal aan vooraf. Want hun huwelijk was in de knoop geraakt. Daarop stuurde hun biechtvader hen naar Ingolstadt om hun problemen neer te leggen bij Maria in de vorm van een lint dat vol zat met knopen. Er werd gebeden bij Maria.

En hun gebeden werden verhoord. De huwelijksproblemen vonden een gelovige weg naar een oplossing en het lint werd letterlijk uit de knoop gehaald. Hun kleinzoon Hieronymus Ambrosius Langenmantel ging het klooster in en was als kanunnik verbonden aan de kerk Sankt Petrus am Perlbach te Augsburg. Hij schonk het schilderij met dit wonderbaarlijke verhaal aan deze kerk: als een blijvende dank van zijn familie aan Maria voor de hulp in moeilijke tijden.

In de loop van de eeuwen vindt er een verschuiving plaats van het inroepen van de voorspraak van Maria voor het herstellen van de huwelijksband naar het ontwarren van de knopen in je leven. De volksdevotie geeft treffend weer wat de blijvende betekenis is van de beeltenis van Maria die de knopen ontwart: troost, kracht en voorspraak voor iedereen die ergens mee in de knoop zit. Anders gezegd: uit de knopen verlost en bevrijd ervaar je vrede met jezelf, je medemens en God.

Als aartsbisschop van Buenos Aires komt Jorge Bergoglio, inmiddels paus Franciscus, tijdens zijn studieverlof in Duitsland in contact met Maria die de knopen ontwart. Hij ziet het schilderij, hoort het verhaal daarachter en is voor altijd gegrepen. Hij legt alles waarmee hij in de knoop zit bij Maria neer en gaat in 1980 met een aantal ansichtkaarten van het schilderij terug naar Argentinië. Daar laat hij die kaarten naschilderen. Een kopie plaatst hij in de kapel van de Universiteit van El Salvador. Daarna volgen de parochies San José del Talar en San José Bautista. De pastoor daar schrijft een noveen, een negendaagse gebedstekst, die aan de basis ligt voor de verbreiding van de verering van Maria die de knopen ontwart. De verering verspreidt zich al gauw over heel Latijns-Amerika en wordt wereldwijd, zeker toen Jorge Bergoglio tot paus werd verkozen.

Op 8 december vieren we het feest van Maria. Maar de huidige paus legt veel vaker de vele knopen van zijn leven neer bij Maria. Laten we dat ook doen, zoals dat al enige jaren gebeurt in Bergen op Zoom. Een gobelin met de afbeelding van Maria die de knopen ontwart staat versierd voor het altaar. Iedere bezoeker krijgt dan de kans om zijn of haar knopen neer te leggen bij de Moeder Gods. Niemand spreekt de problemen hardop uit. Nu we vaker in kleine kring zijn, kunnen we hetzelfde thuis ook doen. Bij het Mariabeeld of bij de foto in dit boekje. Het is een uitnodiging om stil te worden en te bidden. Het is een kans om in je eigen hart te kijken en de vraag te stellen: wat maakt me onrustig, waar doet het pijn en hoe kan ik verder? Wees even stil, probeer te bidden en ga met Maria op weg naar Kerstmis.

Gebed van paus Franciscus tot Maria die de knopen ontwart

Door Uw genade,
Uw voorspraak
en Uw voorbeeld,
verlos ons van alle kwaad,
Onze Lieve Vrouw,
en ontwar de knopen
die ons afhouden van verbondenheid met God,
opdat wij ,
bevrijd van zonde en dwaling,
Hem mogen vinden in alle dingen,
ons hart mogen plaatsen in Hem,
en Hem altijd mogen dienen
in onze broeders en zusters.
Amen.

PAUS FRANCISCUS

Maria, help mij

Maria,
soms wordt de stress me te veel.
De spanningen
gaan zich vertalen in klachten.
Mijn lichaam gaat signalen geven.
Ik voel blokkades,
ook knopen genoemd.
Stress wordt pijn.
Hoe kom ik eruit?
Wie ontwart deze knopen?
Wilt Gij me helpen?
Gaat Gij voor mij
de knopen ontwarren?
Mag ik bij U opnieuw rust
en ontspanning ervaren?
Maria,
Bid voor mij,
Help mij.
Amen.

PAUL VERBEEK

Tot u richt ik mijn bede, Maria

Maria,
soms zie ik het helemaal niet meer zitten.
Mijn leven lijkt een grote puinhoop.
Alles lijkt duisternis.
Ik zit met mezelf in de knoop.
Hoe kom ik eruit?
Van wie kan ik hulp verwachten?
Tot U richt ik mijn bede.
Gij kunt immers knopen ontwarren.
Zo wordt U wereldwijd aangeroepen.
Wilt U ook mij bijstaan in mijn nood?
Mogen op Uw voorspraak
de knopen ontward worden,
de problemen die me nu kwellen.
Dank dat U naar mij wilt luisteren.
Amen.

PAUL VERBEEK

Leo Fijen | Derde zondag van de Advent

Rorate caeli als voedsel voor de ziel van iedereen

Deze dag is voor altijd verbonden met een verpleeghuis in de bossen van Lage Vuursche. Ooit was dat een herstel-oord voor vrouwelijke religieuzen. Daar is niets meer van over, getuige drie nieuwe woonunits. Ook de naam Sint Elisabeth is verdwenen. De kapel staat er nog. En die herinnert in zijn kaalheid aan een moment halverwege de Advent, tien jaar geleden. De ouderen die daar toen woonden hadden op maandagmiddag altijd een gespreksgroep. Daar werd gepraat over hun leven en over hun knopen in het bestaan. Een oudere man nam toen het woord en vertelde dat hij voor zijn huwelijk monnik was geweest en alle Latijnse gezangen uit zijn hoofd kende. De andere bewoners vroegen toen of hij wat wilde zingen. Hij deed dat graag en begon Rorate Caeli te zingen. De meeste bewoners waren niet kerkelijk of gelovig. Toch waren ze geroerd door de klanken van deze oude man van 91 jaar. Een vrouw zei toen: ook als niet gelovige hoor ik in dit lied dat ik niet aan mijn lot word overgelaten. Ze begon toen te huilen omdat ze zich verbonden voelde met een geheim dat ze niet kende. Later zei ze: door dit Adventslied kwam ik weer thuis bij mezelf, in vrede. De oude man leeft niet meer, de vrouw die ontroerd was evenmin. En toch wordt Rorate Caeli dit jaar ook weer gezongen. Niet in de kerk, dat mag niet. Zoek het op, laat het klinken in ieders huis, het mooiste lied op weg naar Kerstmis. En word stil.

Adventslied Rorate Caeli

De tekst van de intredezang en refrein luidt:
Rorate caeli desuper, et nubes pluant justum;
aperiatur terra et germinet Salvatorem.
('Dauwt hemelen uit den hoge en mogen de wolken de rechtvaardige regenen;
moge de aarde zich openen en de Verlosser uitspruiten.')

Ne irascaris, Domine, ne ultra memineris iniquitatis;
Ecce civitas Sancti facta est deserta
Sion deserta facta est, Jerusalem desolata est,
Domus sanctificationis tuae et gloriae tuae,
Ubi laudaverunt te patres nostri.
('Wees niet vertoornd, Heer, gedenk niet langer onze zonden; zie de stad van de Heilige is verwoest, Sion ligt in puin, Jeruzalem is ontredderd; uw heilige en luisterrijke stad, waar onze vaderen U lof hebben gezongen.)

Peccavimus, et facti sumus tamquam immundus nos
Et cecidimus, quasi folium universi
Et iniquitates nostrae quasi ventus abstulerunt nos
Abscondisti faciem tuam a nobis
Et allisisti nos in manu iniquitatis nostrae.
('Wij hebben gezondigd, en zijn geworden als een onreine; daarom zijn wij allen als een blad dat valt; onze zonden sleuren ons mee als de wind; U heeft uw gelaat voor ons verborgen, en ons neergeworpen in de macht van onze zonden.')

Vide Domine afflictionem populi tui
Et mitte quem missurus es
Emitte Agnum dominatorem terrae
De petra deserti ad montem filiae Sion
Ut auferat ipse jugum captivitatis nostrae.
('Heer, zie neer op de ellende van uw volk, en zend die U beloofd heeft; zend het Lam dat de aarde beheerst uit Petra in de woestijn naar de berg van Sions dochter, opdat Hij het juk van onze zonden wegneme.')

Consolamini, consolamini, popule meus
Cito veniet salus tua: Quare moerore consumeris
Quia innovavit te dolor? Salvabo te,noli timere
Ego enim sum Dominus Deus tuus,
Sanctus Israel, redemptor tuus.
('Troost u, troost u, mijn volk; weldra komt uw heil; waarom wordt gij verteerd door smart? Waarom grijpt steeds weer nieuwe droefheid u aan? "Ik zal u verlossen; wil niet vrezen. Ik ben immers de Heer, uw God, de Heilige van Israel, uw verlosser.')

Ondenkbare God,

die zo aan ons gelijk wilt zijn,
dat wij u mogen noemen Jij,
zoals een vriend,
zoals een mens dichtbij.
Jij komende
op onze weg,
in deze wereld,
ben Jij niet zelf
de wachtende
die eeuwig en verlangend
naar ons uitziet?
Leer ons eigendunk
en grootheid af te leggen.
Leer ons de weerloosheid
waarin Jij bent verschenen.
Leer ons ontzag en mededogen
voor de kleinste van de kleinen
in wie Jij ongezien
en onvermoed
je steeds aan ons
wil toevertrouwen.

KRIS GELAUDE

Eeuwige God,

om wie wij roepen
wanneer gemis
ons hart benauwt
en zekerheden wankelen,
wees Gij voor ons
het verre licht
dat ondanks alles
aan de einder
weer gaat dagen.
Wek die verborgen kracht
in ons
om met vertrouwen
en met zachte moed
te durven verder gaan.
Ook in de nacht
van angst en twijfel,
naar een morgen
die zal aanbreken.
Gij die toch zelf uw naam
in onze ziel geschreven hebt:
"Ik zal er zijn".

KRIS GELAUDE

Eerste en laatste,

Woord van het begin,
beeld geworden van een mens
opdat wij zouden inzien
waartoe wij zelf geroepen zijn,
open onze ogen
en ontsteek ons hart
dat wij leren doen
wat wij van u verwachten.
Dat wij mensen zijn
van mededogen en ontferming.
Dat wij licht uitstralen
en het licht in anderen behoeden.
Dat wij knielen
bij het kleine en het weerloze.
Dat wij heel maken
wat verdeeld is of geschonden.
Dat wij treurenden
met stilte en met zorg omringen.
Dat ons huis
een herberg wordt van hoop.
En wij in de grootste eenvoud
teken zijn van goddelijke kracht.
Omwille van u,
Eerste en Laatste.

KRIS GELAUDE

Paul Verbeek | Vierde zondag van de Advent

Zegening van kerstkind en kerstkribbe

Paus Paulus VI heeft het gebruik ingesteld dat de beeldjes van het Kindje Jezus voor de kerstkribben worden gezegend. Dat kan gebeuren op de derde of de vierde zondag van de Advent. In Rome worden voor deze zegening kinderen uit alle parochies van de stad uitgenodigd bij de Sint Pieter.

In Bergen op Zoom is het al een paar jaar mogelijk om de Jezusbeeldjes en ook om de kerstkribbe in de kerk te zegenen. Dat gebeurde doorgaans tijdens de eucharistieviering. Het zegeningsgebed werd dan uitgesproken als slotgebed. Ook werden dan voor en na de vieringen de kerstallen in de stad ingezegend. Dat gebeurt trouwens op meer plekken in Nederland, zeker waar levende kerstallen het dorpsplein of het centrum van een buurt bepalen. Nu wel duidelijk is dat veel mensen op huis zijn aangewezen en dat het openbare leven aan beperkingen onderhevig is, blijft er altijd ruimte voor de zegening van kerstkind en kerstkribbe in het leven van mensen thuis. Zo is er ook een verbinding tussen kerk en geloven thuis met Kerstmis.

Gebed bij zegening van kerstkind en kerstkribbe

God, heilige Vader
Uw liefde voor de mensen is zo groot
dat Gij uw eniggeboren Zoon gezonden hebt,
die uit U geboren is vóór alle tijden.
Wij bidden U:
zegen dit kerstkind/deze kerstkribbe
die vreugde zal brengen in het christelijk gezin.
Laat deze afbeelding van het mysterie van de menswording
het geloof van ouders en volwassenen ondersteunen,
de hoop van kinderen doen herleven
en in allen de liefde doen toenemen.
Dat vragen wij U
door Jezus, uw veelgeliefde Zoon,
die ons door zijn dood en verrijzenis heeft verlost
en blijvend voorspreker is bij U.
Amen

PAUS PAULUS VI

Engelen om ons heen

Ouder worden is soms omringd worden door zorg
Zorg om de mensen uit de kringen om je heen.
Mensen die kampen met levensbedreigende ziekte
Mensen die meer en meer beperkt moeten leven

Zorg om mensen met wie je veel goede dagen kende
Mensen die onzeker leven met onduidelijke klachten
Mensen die meer in het verleden dan het heden dwalen

Zorg om mensen met wie je veel hebt gedeeld
Mensen die hun woonruimte niet mogen verlaten
Mensen die 48 uur zorg dragen voor hun naaste

Zorg om mensen die ver weg zijn en dichtbij
Mensen die nu alleen in de tijd verder leven
Mensen die een gemis niet minder maar meer voelen

Ouder worden is soms omringd worden door zorg
Zorg om anderen terwijl je zelf veel hebt om te danken
Tijd en energie om ook om te zien naar anderen
Tijd en zin om gericht te zijn op wat kostbaar en goed is

Ouder worden is soms kracht vragen van engelen
Engelen van bescheiden hulpvaardigheid
Engelen die luisterruimte hebben voor de ander
Engelen van houvast in tijden van mist en storm.

MARINUS VAN DEN BERG

GLORIA INEXELSIS DEO

De oude kerstengel

In de tweede wereldoorlog ben je door mijn oma gekocht.
Je boodschap van vrede had toen een speciale klank.
Kaarsen voor de vrede werden bij jou gebrand.
Daarom is je gelaat getekend.
Na de oorlog ben je door een kleine engel opgevolgd.
Je kwam in een doos op zolder.
Toen ik je ontdekte
kreeg je ieder jaar een plekje op mijn kamer.
Dat is altijd zo gebleven.
Nu hang je in de keuken.
Iedere morgen in de kersttijd kijk je me aan.
Het is pas kerstmis als jij een plaats hebt in mijn huis.
Lijk je daarom niet op ons?
Ook wij zijn getekend door de boodschap van het kerstkind
en door het leven zelf.
Hopelijk krijgen we een plaats bij elkaar
want dan kan het kerstfeest pas echt beginnen.

PAUL VERBEEK

Want een kind is ons geboren

We mogen delen in de vreugde van de trotse ouders
het kindje lacht de wereld toe.
In de kribbe strekt het zijn handjes naar ons uit.
'Stel je hart voor mij open',
lijkt het te vragen.
We kunnen onze ogen niet van Hem afhouden.
Hij weet ons hart te raken.
Door zijn geboorte
wordt het kind in ons opnieuw geboren.
We komen tot leven.
Zijn weg leidt tot eeuwig leven.
Dit kind gaat de wereld veranderen.
Vreugde in de hele wereld
want een kind is ons geboren.

PAUL VERBEEK

Jan Hendriks | Kerstmis

De stal staat open, welkom dus

In de kerk is iedereen welkom. Het is met een kerkgebouw als met de stal van Bethlehem. Die stal staat aan alle kanten open. En ieder kan er zo naar binnen lopen. Je vindt er eenvoudige mensen: een kind, een man en een vrouw, wat dieren en herders. Zo is het ook met een kerk. Er wordt niet gevraagd wie je bent en wat je komt doen. Je hoeft niet te betalen, je kunt er zomaar binnenlopen. We mogen er even op onszelf en in de stilte zijn. In de kerk kunnen we bezinnen en huilen, bidden, praten en biechten, vergeving ontvangen en kracht. We mogen er onszelf zijn, we hoeven geen schijn op te houden, ons geen rol aan te nemen. We mogen ervaren dat we daar staan in een ruimte die veel groter is dan wijzelf. We mogen ook ervaren dat we klein zijn, nietige mensen – hoe belangrijk we ook schijnen -, want alles is breekbaar en broos. We zijn klein in een groot universum en tegelijk geborgen in God die Vader en die liefde is en die ons kent. In tijden dat het echt moeilijk is, doen geld en goed en positie niet ter zake. Dan tellen alleen de liefde van dierbare mensen om ons heen en onze eigen godsverbondenheid.

Welkom, dat is Kerstmis, zo ging het toen ook in die eerste kerstnacht. Niet dat iedereen naar de stal was gekomen of het Kind had begroet. Nee, dat niet. Veel mensen zijn toen niet gekomen, eigenlijk waren het er maar een paar. Want in het kerstverhaal dat we in de nachtmis horen, komen we allerlei mensen tegen. Maar velen van hen zijn niet naar de stal gekomen. Zij waren en bleven buitenstaanders, zoals bijvoorbeeld keizer Augustus die vanuit Rome zijn bevelen gaf en zich er verder niet om bekommerde wat daar de gevolgen van waren; hij lag er echt niet wakker van dat een hoogzwangere vrouw op een ezel van Nazareth naar Bethlehem moest. Ook de mensen van Bethlehem bleven buitenstaanders toen bij hun deur werd aangeklopt. Ze voelden er niet voor zich in hun leven te laten storen. Zij hielden de deuren gesloten en kregen dus ook niets mee van wat er nog meer gebeurde. Zij zagen geen engelen en geen Kind, geen ster of helder Licht en hoorden ook de vreugdevolle boodschap niet, laat staan dat die hun hart kon raken.

Zeker, dat is ook voor ons een verleiding. We zijn vaak druk met onze eigen dingen. En er is weinig tijd om naar een ander om te zien, om je deur te openen. We zijn in onze samenleving er aan gewend geraakt de god van het geld en de god van de macht te aanbidden. We zitten vaak in een maalstroom die ons vraagt te presteren, carrière en indruk te maken, waardoor we afgesloten kunnen raken en opgesloten zitten in onze eigen werkelijkheid. Wie weet nou wat er zich afspeelt in een bijstandsgezin, in een gezin waar misbruik is en geweld, onder mensen in oorlogsgebieden? En hoe goed kennen we onszelf?

Als Jezus in een goed-bewaakt paleis geboren was, had niemand kunnen binnengaan, maar deze stal staat wagenwijd aan alle kanten open. En als we binnengaan zien we een kind, heel gewoon; alles is trouwens heel eenvoudig, alles is als het ware teruggebracht tot de kern.

Ze doen het allemaal: van een viersterrengeneraal en een CEO van grote multinational, net zo goed die zoekende jongere of die persoon met een verdriet. Velen gaan op bedevaart naar Santiago de Composela. Zij volbrengen de Camino, zoals die route wordt genoemd. Die moet je eigenlijk lopend doen. En je moet niet te veel meenemen, want je loopt er maar mee te zeulen en het is een wekenlange tocht. Ik heb de verhalen van mensen op de Camino gehoord. Ze zijn erdoor veranderd. Hun status, alles bleef thuis, ze waren een pelgrim, zoals iedereen die ze onderweg tegenkwamen. In feite zijn we dat allemaal: pelgrims op tocht door het leven. Dan leert Kerstmis ons: loop zonder ballast, heel gewoon en eenvoudig. Wie los laat, open staat, zal het Kind kunnen vinden.

Er zijn ook mensen die naar Santiago gaan met onderweg reeds geboekte viersterrenhotels, een busje dat de koffers brengt van het ene naar het andere adres, dat hun e-bike vervoert en dat ze kunnen oproepen als ze het lopen zat zijn. Die mensen beleven eigenlijk helemaal niets.
Het kerstverhaal houdt ons een keuze voor: waar ga je voor, Keizer Augustus met zijn decreet en de bewoners van Bethlehem die hun huizen gesloten hielden of de herders en de wijzen? Gesloten of open, eenvoudig ontvangend of alles onder controle? Zonder bagage lopen we lichter en zonder koffer vertrekken we uiteindelijk van hier. Als we onszelf niet teveel gewicht geven, zijn we open voor anderen en komen we beter vooruit. Dat geldt voor de Camino, dat geldt ook voor ons leven. Open en eenvoudig was de stal van Bethlehem. Daar lag het Kind, in doeken gewikkeld, zo kostbaar, zo'n grootheid want Hij is het mens geworden Woord van God.

+JAN HENDRIKS
Bisschop van Haarlem –Amsterdam
(Uit: Prekenboek Getuigen van het Licht)

Om Vertrouwen En Vrede

Gebed met de kerstengel

De Engel sprak:
"Vreest niet,
want zie, ik verkondig U
een vreugdevolle boodschap
die bestemd is voor heel het volk:
Heden is U een Redder geboren...

Opeens voegde zich bij de Engel
een hemelse heerschare;
zij verheerlijkten God met de woorden:
Eer aan God in den hoge
en op aarde vrede..."
(*Lc.* 2,10-11.13)

Hemelse Vader,

In de onzekerheid die we ervaren
– zoals nu, bij de corona-pandemie –
en in alle angst en nood,
richten we ons tot U,
we zien op naar de hemel
om de boodschap van Uw engel
in ons hart te laten dalen:

Vreest niet, wees niet bang,
voor jou is een Redder geboren.
Laat ons niet opgaan in de waan van de dag
en in de zorgen van dit ogenblik.
Veel kunnen wij niet veranderen,
maar laat ons niet wanhopen
of verontrust zijn,
alsof U niet in alles zou voorzien.
Aan U vertrouwen wij ons toe,
laat Uw vrede ons vervullen.
Wie zijn wij mensen zonder u?

Alles ligt in Uw handen,
U zult alles ten goede keren,
al moeten we ook
door moeilijkheden heen.

Uw plan voor ons mensen
is uiteindelijk vreugde en een vrede
die al onze verwachtingen
te boven gaat;
geef ons slechts vertrouwen en overgave
en help ons te aanvaarden,
te dragen en te danken
en in alles op U te vertrouwen;
dan wandelen wij onbezorgd
als een kinderen aan uw hand
door dit leven...

Zend, Heer, Uw Geest in ons hart,
verlicht ons verstand,
laat ons inzien wat wij moeten doen
en welke weg wij mogen gaan,
zodat wij Uw plan voor ons leven,
ons doel en onze missie,
steeds beter zullen begrijpen.
Geef leiding aan ons denken en doen,
door Hem
die ons voorbeeld is
en die wij navolgen:
Jezus Christus, Uw Zoon.

+JAN HENDRIKS

Boodschap van de kerstengel

DIT GEBED VERWOORDT MIJN GEDACHTEN en verlangen. Door de corona-pandemie gaat de situatie waarin we verkeren op en neer. Iedere dag zijn er cijfers over het aantal besmettingen, er zijn persconferenties, waarschuwingen en maatregelen, die steeds weer worden aangepast aan de situatie van het moment. Dit alles kan ons onrust geven en angstig maken, maar daar schieten we niets mee op. We moeten de aanwijzingen volgen en prudent handelen en verder de innerlijke rust en vrede bewaren en deze situatie met geloof beleven. Het is de boodschap van de kerstengel dat de vrede ten diepste hersteld is door de geboorte en het Pasen van Jezus Christus, waardoor de hemel is open gegaan. Als christenen zijn we geroepen te leven in en vanuit die vrede... Daar wil ik dus graag om bidden...

+JAN HENDRIKS
Bisschop van Haarlem-Amsterdam

Maria,

U het eenvoudige meisje uit Nazareth
bent op het kruis door Uw Zoon
gegeven als moeder voor alle mensen,
voor alle rassen en volkeren.
U kent geen onderscheid,
iedereen telt voor U mee,
al houdt U van iedere mens
met een persoonlijke liefde,
want God heeft ieder van ons geschapen
naar Zijn beeld en gelijkenis
en Jezus, Gods Zoon en Uw Zoon,
is voor iedere mens gestorven,
niemand uitgezonderd.
Maria, mijn moeder,
wil voor mij en ieder mens
ten beste spreken.

+JAN HENDRIKS

Maria

Over de gehele wereld
roepen mensen U aan.
In alle talen wordt U
vereerd en bezongen.
Men heeft U
in duizendvoudige namen geprezen,
maar of men U
Ivoren Toren noemt of Gulden Huis,
vóór alles bent U de Moeder.
Moeder Maria, geef mij de kracht
U te zien als mijn moeder.
Kom onder mijn dak,
in mijn huis.
Laat mij bij alles wat we doen
eerst even met U overleggen.
Doe mij dan denken
aan wat U geleden hebt onder het kruis
van Golgotha, waar Uw Zoon
te sterven hing.

TOON HERMANS

Als ik denk dat ik doodga

Als ik denk dat ik doodga,
niet meer weet wat ik moet,
eerder dan 't Onze Vader
bid ik een Weesgegroet.

Als het angstzweet me uitbreekt,
en m'n hart gaat tekeer,
dan roep ik: 'O, Moeder',
zelden: 'O, Heer.'

Want de Heer is heel goed,
maar ook onverbiddelijk.
Hij reinigt met bloed,
maar zij snapt onmiddellijk

dat een vlek niet zo erg is,
als hij soms schijnt.
Met een dertig graden wasje
vaak al verdwijnt.

Als ik denk dat ik doodga,
niet meer weet wat ik moet,
eerder dan 't Onze Vader
bid ik een Weesgegroet.

HERMAN FINKERS

Zing maar liever niet misschien over Evelien

Zing maar liever niet misschien over Evelien
Niet misschien over Evelien

Ze gaat niet zo graag
in de schijnwerpers staan
Is niet zo spontaan
Is liever anoniem,
en met niemand te intiem
Met de wereld begaan

Dus zing maar liever niet misschien
over Evelien
Niet misschien over Evelien

Omdat ze liever niet zichzelf gedwongen ziet
Als middelpunt van aandacht
of als onderwerp van lied
Ze gaat het liefste aan de schaduwzijde
van de straat
Ze wil geen aandacht
en vooral geen goedbedoelde raad
Ze zocht al veel te vaak
en veel te hooi en veel te gras

Ze zocht overal,
en vooral waar het niet was

Dus zing maar liever niet misschien
over Evelien
Niet misschien over Evelien

Maar 's middags in de kerk,
elke dag na haar werk
Kun je zien hoe zij staart naar het beeld
Van Haar die alles in Haar hart bewaart

De blik van haar man waarin zij
"Wat ben jij een domoor" las
En toen zij die pillen nam,
maar de dood niet kwam,
Haar Jan zei,
Dat ze zelfs daar te stom voor was

Dus zing maar liever niet misschien
over Evelien
Niet misschien over Evelien

Die 's middags in de kerk,
elke dag na haar werk
Is te zien en daar staart naar het beeld
Van Haar die alles in Haar hart bewaart

Ave Maria, gratia plena
Tabé, Evelien
Het is gezien

HERMAN FINKERS

De nacht van de wachter

Aan het einde van de dag
als ik ga slapen
vertrouw ik U, Heer, mijn huis toe
Heel mijn familie, groot en klein,
ook zij die niet kunnen slapen
Geef de een verkwikking
en de ander kalmte
Troost de zieke en de moedeloze
versterk, Heer,
wie uitgeput is door het werk
In het geheim van de nacht
bezoekt U en geneest U
vernieuwt U en geeft U nieuwe kracht
Dank U voor uw wacht.
Als ik slaap waakt U
en bereidt U me voor op een nieuw jaar

ZUSTER DANIËLLE

uit: Gebeden voor elke dag, Jongbloed Heerenveen

Jan Hendriks | Nieuwjaarsdag feest van Maria, moeder van God

Waarom Maria eren?

Op de eerste dag van het jaar wordt het hoogfeest gevierd van Maria de Moeder van God. Hiermee wordt het octaaf van Kerstmis afgesloten en bidden we om zegen en voorspraak voor een jaar dat begint. Natuurlijk gaat het er vooral om dat Jezus is geboren. 'Ik verkondig U een vreugdevolle boodschap', zingen de engelen in de kerstnacht. 'Heden is U een Redder geboren', zo gaat het verder. Het is dus om Jezus' geboorte dat het kerstfeest wordt gevierd, maar we kunnen niet vergeten dat Hij een moeder heeft uit wie Hij geboren is. Zonder moeder geen Zoon! Ook over haar gaat het Kerstfeest: want door haar is God werkelijk mens geworden en heeft Hij de menselijke natuur aangenomen. Maria was niet een passief instrument, geen willoze pop of een soort draagmoeder, maar de Heer heeft haar gevraagd en zij heeft toegestemd om de moeder van Jezus te worden. God de Vader heeft het menselijk geslacht niet willen verlossen buiten de mensen om, maar Hij heeft de uitzonderlijke, unieke medewerking gezocht van een mens, een vrouw.

Paus Franciscus heeft het al eens zo gezegd in deze of soortgelijke bewoordingen: Maria is belangrijker dan alle priesters en bisschoppen en de paus bij elkaar. En zo is het! Binnen de Kerk staat Maria bovenaan: zij is de eerste gelovige. Door haar ja-woord werd zij de moeder van God. Door wat zij deed kon Jezus ter wereld komen om Zijn werk te voltooien. Daarom vieren we tot besluit van het Kerstoctaaf een hoogfeest ter ere van Maria. Maria, Moeder van God: alle feesten van Maria hebben hiermee te maken, staan erop gericht of komen eruit voort. Maria heeft op een unieke wijze – die aan geen andere mens op aarde is gegeven of ooit gegeven zal worden- meegewerkt aan onze verlossing. Op de eerste plaats door haar 'ja' tot God – 'Mij geschiede naar Uw woord'- en vervolgens doordat zij dit 'ja' tot God steeds weer heeft herhaald, ook onder het kruis, waar zij stil stond te treuren. Zij heeft dit volbracht al heeft het haar zeker veel pijn en moeite gekost.

We moeten allemaal wel eens moeilijke beslissingen nemen, 'ja' zeggen tegen zaken die we niet goed overzien. We worden allemaal geconfronteerd met moeilijke consequenties van onze keuzes en met leed en tegenslag die ons overkomen, soms als een donderslag bij heldere hemel. Ook wij kennen verdriet en zorgen om kinderen en andere dierbaren. Maria is een moeder, zoals er velen zijn. Zo staat Maria heel dicht bij ons. Het is dus geen wonder dat we naar Maria kijken en om haar voorspraak bidden en dat er over de hele wereld ter ere van Maria zoveel kaarsjes worden opgestoken en dat er zo veel Maria-bedevaartsplaatsen zijn. We moeten Maria daarbij niet te zeer op een voetstuk plaatsen zodat zij heel erg ver van ons af komt te staan. Al is zij Moeder van God, zij is ook heel dichtbij. Maria is ons door Jezus als moeder toevertrouwd: 'Zie daar je moeder, zie daar je zoon'. De apostel onder het kruis staat daar namens ons allen.

Maria is tevens een voorbeeld voor ons, maar niet zozeer omdat zij zulke bijzondere dingen heeft gedaan, maar omdat God aan haar grote dingen heeft gedaan, zoals Maria zingt in haar lofzang. Wat is Maria's verdienste? Dat zij heeft laten doen, medewerking heeft verleend dat God in haar leven mocht komen en dat zij eenvoudig en nederig, klein en ontvankelijk was. Maria was een kleine mens, omdat zij God groot kon laten zijn. Wie stoer en groot is, eigen baas, controle heeft, zal meer moeten overwinnen om ruimte te maken voor God dan iemand die al klein is en zich niet zo enorm belangrijk voelt, dienstbaar leeft. Onze grootheid gaat voorbij. Wie groot is, is niet flexibel, kan niet makkelijk buigen. Wie kan buigen voor Gods wil? Maria kon buigen, Maria kon aanvaarden, Maria kon de weg gaan die God haar heeft gegeven en getoond.

De toegangsdeur tot de basiliek van de geboorte in Bethlehem is laag, zo laag dat je moet bukken om binnen te komen. Want de eerste gasten in de stal van Bethlehem waren eenvoudige, nederige mensen. Maria en de herders vinden we daar. Van Maria horen we dat ze alles wat er gebeurde in haar hart bewaarde en het overwoog. Over de herders hoorden we dat ze bekend maken wat hun over dit Kind was gezegd en dat ze God loofden en verheerlijkten. Die innerlijke openheid voor wat God ons wijzen en zeggen zal, is de kern van ons christen-zijn.

+JAN HENDRIKS
Bisschop van Haarlem-Amsterdam
(Uit: Prekenboek Doe maar wat Hij U zeggen zal)

Wees gegroet Maria

IK GELOOF DAT MARIA BIJ me is, ook al weet ik niet precies hoe. Dus kan ik haar groeten. Ik doe dit met de woorden van de engel Gabriel in Nazaret: 'Wees gegroet, Maria, vol van genade, de Heer is met u' (Lucas, 1,28). Ik hoef daarvoor niet terug naar Nazaret. Eerder is het zo dat Nazaret naar mij komt. De boodschap van de engel gaat ook over mij. De woorden van de Duitse mysticus Angelus Silezius schieten me te binnen: 'Wat heb ik er aan, Gabriel, dat je Maria groet, wanneer je boodschap *mij* niet leven doet!' Ik bid dus dat het Woord van God in mij tot leven komt.

Dit Woord wordt telkens opnieuw geboren. Maria staat er niet alleen voor. Toch is Maria uniek, want de vrucht van haar schoot is het vlees geworden Woord, de Messias. Daarom zegt Elisabeth tot Maria: 'Gij zijt de gezegende onder de vrouwen en gezegend is de vrucht van uw schoot' (Lucas, 1,42). Die woorden neem ik graag over. Daarbij doe ik God niet tekort. Immers God laat zijn grootheid zien door wat Hij in mensen doet.

Het laatste deel van het Wees Gegroet sprak me nooit zo aan. Het werd in de middeleeuwen toegevoegd: 'Heilige Maria, Moeder van God, bid voor ons zondaars, nu en in het uur van onze dood.' Ik dacht aan zondaars die de dood met angst tegemoet zien. Maar tegenwoordig vind ik deze bede niet langer beklemmend. Integendeel, ze komt voort uit vertrouwen en ze geeft vertrouwen. Je kunt rustig gaan slapen, als je weet dat je moeder er de andere morgen is. Zo'n moeder is Maria, denk ik.

JAN HULSHOF, MARIST

Wees gegroet Maria

Wees gegroet Maria
vol van genade
de Heer is met u
Gij zijt de gezegende onder de vrouwen
en gezegend is Jezus, de vrucht van uw schoot
Heilige Maria, Moeder van God
bid voor ons, zondaars,
nu en in het uur van onze dood.
Amen.

Bidden is je handen openen voor God

Bidden is je handen openen voor God
Het is een langzaam opgeven van de krampachtigheid
waarmee je je hand dichtgeknepen hield
en een toenemende bereidheid je bestaan te aanvaarden,
niet als een bezit
maar als een gave die ontvangen mag worden.
Bidden is daarom allereerst een levenshouding
die je in staat stelt te midden van deze wereld
een stilte te vinden
waarin je ontvankelijk wordt voor de beloften van God
en hoop vindt voor jezelf, je medemens
en de gemeenschap waarin je staat.
Biddend ervaar je God in een zachte bries,
in de nood en vreugde van je medemens
in de eenzaamheid van je eigen hart.

HENRI NOUWEN

Uit: Met open handen, notities over het gebed, Ambo 1971

Huiszegen

Heer, onze God,
aan U behoren tijd en eeuwigheid.
Gij zijt de oorsprong
van al wat geschapen is.
Wij wijden U dit jaar toe.
Moge het een jaar van genade zijn.
Wees steeds bij ons.
Zegen + ons leven en onze woning.
Geef ons onderlinge liefde
en laat ons thuis komen bij U.
Amen.

Uit: Gebeden nr. 86 De Benedictionibus

Paul Verbeek | Driekoningen

Huiszegen

Het is een goede gewoonte om bij gelegenheid van het nieuwe jaar je huis te laten zegenen door een priester of diaken. Dat is in de huidige omstandigheden van corona niet haalbaar. Om in deze leemte te voorzien bestaat de mogelijkheid in tal van kerken om een huiszegen mee te geven. Die kun je dan boven de deur van je woning of je huiskamer hangen. Die huiszegen is een geschenk van de kerk. Dat past ook in een andere traditie die in ere is hersteld: het Driekoningen zingen. Rond 6 januari trekken kinderen als koningen door de wijk, bellen aan, zingen een lied en houden hun hand geopend voor geschenken die bedoeld zijn voor arme kinderen ver weg of dichtbij. Driekoningen zingen is een diaconaal project van kinderen voor kinderen. En de kinderen die langs de deuren trekken, nemen ook een geschenk mee, de huiszegen. Omdat ook dit diaconale project door de huidige omstandigheden niet mogelijk is, wordt hier vooral ingegaan op de huiszegen. Want het is een mooi gebruik dat met de huiszegen aan het begin van het nieuwe jaar de woning of huiskamer aan God wordt toegewijd.

De gedrukte huiszegen draagt het opschrift C+M+B. Dat zijn de beginletters van de Latijnse zegenwens: Christus mansionem benedicat ofwel Moge Christus dit huis zegenen. In deze beginletters kun je ook lezen: Caspar, Melchior en Balthasar, de namen die vanuit de traditie worden gegeven aan de wijzen uit het Oosten. De letters C+M+B worden ook in verband gebracht met de drievoudige openbaring van de Heer. Kerstmis is het feest van de openbaring aan alle mensen. Deze openbaring van God wordt gevierd met Driekoningen, bij het Feest van de Doop van de Heer en bij het eerste wonder van Christus in Kana. Zo wijzen de letters ook naar deze feesten: de bruiloft in Kana (Cana), de aanbidding van de Wijzen (Magi) en de Doop van de Heer in de Jordaan (Baptisma)

Bij de huiszegen kan het volgende gebed worden gebruikt:

U God, almachtige Vader, smeken wij ootmoedig voor dit huis, voor zijn bewoners en voor al wat er in is: opdat Gij U moogt gewaardigen het te zegenen en te heiligen en met alle goed te verrijken: geef hun Heer, van de dauw des hemels overvloed en van de vruchtbaarheid der aarde levensonderhoud, en gelief de verlangens van hun gebed en het uitwerksel uwer erbarming te geleiden. Gewaardig

U dus bij onze intrede in dit huis te zegenen en te heiligen, gelijk Gij U gewaardigd hebt te zegenen het huis van Abraham, Isaac en Jacob. En mogen binnen de wanden van dit huis de engelen van uw licht wonen en het huis en zijn bewoners bewaren. Door Christus onze Heer. Amen.

In het buitenland, bijvoorbeeld in Duitsland, wordt de huiszegen met krijt boven de voordeurpost geschreven. Eerst worden jaartal en letters met gewijd krijt bovenaan de deurpost geschreven: 20 C+M+B 21 Dan wordt met wierook en het Driekoningenwater elk vertrek besprenkeld en een zegen uitgesproken. Indien mogelijk wordt dit door een priester gedaan, anders door het hoofd van het gezin.

Een afbeelding van de huiszegen staat op pagina 143.

U kent de weg voor mij

God, laat mijn gedachten tot U komen
Bij U is het Licht, U vergeet mij niet
Bij U is de Hulp, bij U is het Geduld
Ik begrijp Uw weg niet, maar U kent de weg voor mij

DIETRICH BONHOEFFER

Aangedragen door zuster Hannah van Quakebeke,
priorin van benedictinessen van Loppem

Een minnelijk aandringen

Voor het beeld van Jezus
In de gevangenis
12/13 Februari 1942

O Jezus, als ik u aanschouw
Dan leeft weer, dat ik van U hou
En dat ook uw hart mij bemint
Nog wel als uw bijzondere vriend.

Al vraagt mij dat meer lijdensmoed
Och, alle lijden is mij goed,
Omdat ik daardoor U gelijk
En dit de weg is naar uw Rijk.

Ik ben gelukkig in mijn leed
Omdat ik het geen leed meer weet
Maar 't alleruitverkorenst lot,
Dat mij vereent met U, o God.

Och, laat mij hier maar stil alleen,
Het kil en koud zijn om mij heen.
En laat geen mensen bij mij toe:
't Alleen zijn word ik hier niet moe.

Want Gij, o Jezus, zijt bij mij,
Ik was u nimmer zo nabij.
Blijf bij mij, bij mij, Jezus zoet
Uw bijzijn maakt mij alles goed.

TITUS BRANDSMA

Dichter bij de bron

DAAGS NA ZIJN ARRESTATIE OP maandag 19 januari 1942 in Nijmegen wordt pater Titus Brandsma naar de strafgevangenis in Scheveningen gevoerd. In cel 577 waar hij enige weken zal verblijven, schept hij een kloosterlijke dagorde. Het is er koud en kil. In de eenzaamheid en stilte schrijft hij er aan een biografie van Theresa van Avila, maar ook dit eenvoudige en tegelijk indrukwekkende gebed.

Het is een intiem gebed. Geen grootse, plechtige woorden, eerder kinderlijk en klein. De woorden spreken van een minnelijke omgang met Jezus. In de mystieke traditie is de minne een veelgebruikt motief en Titus was er meer dan vertrouwd mee. Het gebed geeft een inkijk in zijn liefdevolle band met Jezus waar niets of niemand iets aan af kon doen.

Het gebed is me dierbaar. Het brengt me niet alleen dichter bij de persoon van Titus, meer nog bij de bron van waaruit ik kan leven. Putten uit deze bron stelt me in staat alles wat op mijn pad komt te omarmen. Het gebed nodigt me uit om er niet onverschillig in te staan, maar me te laten raken, aan te laten spreken en in beweging te komen. Ik weet niet wat er komen gaat, maar wel dat ik niet ga over hoe de dingen lopen. Ik heb er gewoon te zijn. Zoals God er is en minnelijk aandringt.

THEO VAN DER ZEE

Kalmte, moed en wijsheid

Een gebed dat mijn hele leven al met mij meegaat, is het gebed dat op een Engelse boekenlegger in mijn bijbeltje staat: 'Serenity prayer'. Ik kom het dagelijks tegen en bid het dan vrijwel elke dag even:

God, grant me
the serenity to accept
the things I cannot change,
courage to change
the things I can,
and wisdom
to know the difference.

Dit gebed is het liefste wat ik zou willen, en tegelijk het moeilijkste wat ik ken. In deze woorden, toegeschreven aan Augustinus, Thomas van Aquino, Franciscus van Assisi en ook anderen – het moest wel universeel zijn – lijken alle levensopgaven zich samen te ballen. Op momenten waarop ik mij afvraag welke waarheid ik op het tegeltje van mijn leven zou willen schrijven, kom ik vroeg of laat altijd bij deze drie zinnen uit. Dat zal mijn levensmotto dan wel zijn. Dus oefen ik mij erin en herhaal ze als een mantra in de hoop er meer en meer bij in de buurt te komen.

Inmiddels staat een mooie vertaling van het gebed in ons nieuwe liedboek (2013), 'Zingen en bidden in huis en kerk' (pagina 1448). Hierbij wordt de naam van Reinhold Niebuhr genoemd:

God, geef me
de kalmte om te aanvaarden
wat ik niet kan veranderen;
moed om te veranderen
wat ik kan veranderen;
wijsheid om tussen deze twee
onderscheid te maken.

WIM BEEKMAN

Leid gij mij voor, vriendelijk licht

Engelse tekst van de Zalige John Henry Newman (1801-1890)
Nederlandse tekst aangedragen door Everard de Jong, bisschop voor de krijgsmacht en hulpbisschop Roermond

Lead, kindly light, amid the encircling gloom
Lead thou me on!
The night is dark, and I am far from home –
Lead thou me on!
Keep thou my feet; I do not ask to see
The distant scene – one step enough for me,

Leid, vriendelijk licht, temidden van 't duister dat m'omringt,
Leid gij mij voort!
De nacht is donker, en ik ben ver van huis –
Leid gij mij voort!
Richt Gij mijn voet; ik vraag niet om te zien
De verre einder – één stap genoeg voor mij.

2

I was not ever thus, nor pray'd that thou
Shouldst lead me on;
I loved to choose and see my path, but now
Lead thou me on!
I loved the garish day, and, spite of fears,
Pride ruled my will: remember not past years.

Ik was niet altijd zo, noch bad ik dat Gij
Mij voort zoudt leiden;
Ik verkoos mijn eigen weg te banen en te zien, maar nu
Leid gij mij voort!
Ik verkoos het felle daglicht en, alle vrees ten spijt,
Hoogmoed beheerste mijn wil: herinner U niet voorbije jaren.

3

So long thy power hath blest me, sure it still
Will lead me on.
O'er moor and fen, o'er crag and torrent, till
The night is gone;
And with the morn those angels faces smile
Which I have loved long since, and lost awhile.

Zo lang heeft uw macht mij gezegend, ze zal me zeker
verder leiden!
Door heide en ven en over rots en vloed, totdat
De nacht is heengegaan;
En met de ochtend 't gelaat der engelen glimlacht
die ik sinds lang heb liefgehad, en voor een tijd verloor.

Voor tekst en de achtergrond: Adelbert Denaux, "'Lead, Kindly Light'. Spiegel van Newmans spiritualiteit", in: Collationes 41(2011)3, pp. 181-301 (https://www.kuleuven.be/thomas/page/tijdschriften/viewarticle/59329/; https://docplayer.nl/1640406-Lead-kindly-light-spiegel-van-newmans-spiritualiteit-ontstaansgeschiedenis.html)
Vgl. http://www.filosofenfontein.be/archief/Vieringen/141225_Kerstmis.htm

Auteurs

- **Anselm Grün** is monnik van de benedictijner abdij Münsterschwarzach
- **Marinus van den Berg** gaat nooit met pensioen als geestelijk verzorger, want dit jaar van corona is hij als 70-plusser gevraagd om mensen bij te staan die lang in coma hebben gelegen en moeten revalideren
- **Jan Hendriks** is de bisschop van Haarlem-Amsterdam
- **Jan Stuyt SJ** is secretaris van de jezuïeten in Nederland en Vlaanderen en bewaakt het erfgoed van medebroeders zoals Frans Cromphout
- **Antoine Bodar** is priester in Rome en Amsterdam.
- **Manon Vanderkaa** was jarenlang het gezicht van ouderenorganisatie KBO-PCOB en sinds 1 oktober directeur van de verpleegkundigen en verzorgenden in Nederland
- **Katharina Michiels** is de abdis van de trappistinnen in Brecht

- **Anima Christi** was jarenlang hét gezicht van de blauwe zusters wereldwijd maar is nu aan de randen van Rusland een missionaris geworden, ver weg van de schijnwerpers van deze wereld
- **André Louf** was jarenlang abt van de trappisten van de Katsberg, leefde daarna als kluizenaar in de Provence en stierf in 2010.
- **Jos Wouters** is de abt-generaal van alle norbertijnen in de wereld
- **Manu van Hecke** is de abt van de Sint Sixtus Abdij van de trappisten in Westvleteren
- **Angela Holleboom** is de abdis van de clarissen in hun klooster de Josephsberg te Megen
- **Thomas Quartier** is een reizende benedictijn die doceert aan de Radboud in Nijmegen, aan de KU te Leuven en aan de San Anselmo te Rome. Zijn thuisbasis is tegenwoordig in De Keizersberg te Leuven.
- **Benoît Standaert** is monnik bij de benedictijnen te Zevenkerken maar laat zijn wijsheid graag horen in Italië, Frankrijk en Nederland. Zijn mijmeringen over het kluizenaarsleven van ons allen in coronatijd zijn in duizendtallen over de toonbank gegaan. Deze spirituele gids weet wat er leeft in de harten van mensen en geeft daar woorden aan.
- **Paus Franciscus** is al bijna acht jaar onze heilige vader en de stem van de stemlozen in de wereld
- **Paul Verbeek** is pastoor van Bergen op Zoom en vicaris van het bisdom Breda, maar ook de man die voortdurend

reclame maakt voor Maria die de knopen ontwart. In die zin is hij het brein achter dit boekje geweest.

- **Kris Gelaude** is een gelovige vrouw met poëtische teksten
- **Herman Finkers** is een weergaloze taalkunstenaar, een katholiek met een grote voorliefde voor het Gregoriaans. Om de hoek bij zijn huis waakt Maria, dag en nacht
- **Jan Hulshof** is een wijze pater Marist die tegenwoordig in Frankrijk woont, werkt en het geloof viert
- **Henri Nouwen** is een Nederlandse priester die wereldwijd indruk maakt met zijn spirituele boeken die van alle tijden en voor alle mensen zijn
- **Hannah van Quakebeke** is priorin van de benedictinessen in Loppem
- **Theo van der Zee** begeleidt scholen in hun zoektocht naar katholieke identiteit
- **Wim Beekman** is classispredikant in Friesland voor de Protestantse Kerk Nederland
- **Everard de Jong** is bisschop voor de krijgsmacht, hulpbisschop van Roermond en ook pastoor in Maastricht.

Christus + Mansionem + Benedicat

20 C+M+B 21

Christus + Zegene + Dit huis